W0068439

SV

Ralf Rothmann
Rehe am Meer

Erzählungen

Suhrkamp Verlag

© Suhrkamp Verlag Frankfurt am Main 2006
Alle Rechte vorbehalten, insbesondere das der Übersetzung,
des öffentlichen Vortrags sowie der Übertragung
durch Rundfunk und Fernsehen, auch einzelner Teile.
Kein Teil des Werkes darf in irgendeiner Form
(durch Fotografie, Mikrofilm oder andere Verfahren)
ohne schriftliche Genehmigung des Verlages reproduziert
oder unter Verwendung elektronischer Systeme
verarbeitet, vervielfältigt oder verbreitet werden.
Satz: Hümmer GmbH, Waldbüttelbrunn
Druck: Friedrich Pustet, Regensburg
Printed in Germany
Erste Auflage 2006
ISBN 3-518-41825-4
ISBN 978-3-518-41825-3

1 2 3 4 5 6 – 11 10 09 08 07 06

Inhalt

God knows how I adore life
When the wind turns on the shore lies another day
I cannot ask for more

Beth Gibbons

Nasse Spatzen

Es lohnte sich nicht, so kurz vor Feierabend zum Alten zu gehen. Dem fiel immer noch was ein, auch am Wochenende. Also blieb ich, wo ich war, rauchte eine Aktive und sah über die Dächer zum See. Daß die Vögel sich bei dem Wetter nicht die Flügel brachen, konnte einen schon wundern. Sie hatten Nester im Rohbau gegenüber, und das Echo ihrer Schreie hallte durch die unverputzten Räume, wenn sie in die Treppenhäuser flogen – so schnell, daß die Zimmerleute zwischen ihren Balken erschraken. Einer schmiß eine Handvoll Nägel nach ihnen.

Mir wurde warm, doch die Fenster mußten geschlossen bleiben; Wand- und Fußbodenheizung liefen auf Probe, und manchmal kam ein Installateur aus dem Keller und notierte sich die Zahlen auf den Thermometern. Ein netter Kerl, Motorradfahrer, und als ich die letzte Kachelecke ausspritzte, zeigte er grinsend auf das Schild neben der Einfahrt. Die Farben waren verblichen, und es wackelte im Sturm, doch die »Wohnanlage Müggelsee« mit dem Grün auf den Balkonen und der winkenden Familie vor der Tür sah immer noch besser aus als das Original.

»Nächste Woche bezugsfertig – ist doch 'n Witz, oder? Da hat sich euer Alter ganz schön übernommen.«

Ich ließ die Spritze sinken; ein Faden Silikon hing an der Tülle und bewegte sich in der warmen Luft, die vom Boden aufstieg. Natürlich hatte er recht, aber warum sollte ich das zugeben. »Nee, nee, mein Gutster, wir waren genau im Plan. Für uns hat der Sommer gemauert«, sagte ich. »Die Subunternehmer, diese Kroaten – die haben uns hängenlassen. Immer nur blau. Wenn du solche Leute hast, kannst du alles richtig machen, und doch ist es falsch. In'n Wind schießen würd ich die!«

Er schüttelte nur den Kopf, rieb einen Daumen an den Fingerspitzen und verschwand wieder im Keller. Es war kurz nach sechs, ich brachte die Patronen ins Magazin, schloß ab und ging über den Platz zur Bude. Ein Jaguar und ein Mercedes mit Hamburger Kennzeichen parkten davor, neben Juhres altem Skoda; sein Kartentisch war voller Akten, und er stand an der Pinnwand und erklärte den Typen etwas auf dem Plan. Ein guter Chef, er schrie fast nie, jedenfalls nicht mit uns, und faßte immer noch selbst mit an. So eine zerfranste Jacke trug kein Eisenwichser, die Hose hatte einen Riß, durch den man die Unterhose sah, und wäre nicht der weiße Helm gewesen, hätte ihn keiner für den Bauleiter gehalten.

Die Hamburger, wie immer schnieke, drehten sich um. Ihre Schuhe glänzten wie die Autos, und ich kratzte mich unter meinem Tirolerhut, nahm ihn aber nicht ab. »Also, Juhre, der Westflügel ist fertig; die Mieter können kommen. Ich mach jetzt Schicht. Bis nachher dann.«

Seit der Scheidung trug er so ein Stoffarmband, das ihm seine Tochter geschenkt hatte; doch wenn Offizielle kamen, nahm er es ab. Es hing am Fenstergriff, und er schrieb etwas auf den Plan. »Ist gut, Manni, vielen Dank. Und schönes Wochenende.« Dann hob er den Kopf. Blaß war er geworden in letzter Zeit, magerer auch, und seine Augen lagen in dunklen Höfen. »Wieso bis nachher?«

Da mußte ich doch grinsen. Wenn es um Sachen ging, die außerhalb der Baustelle lagen, konntest du nichts mit ihm anfangen. Auf dem Gerüst oder am Schreibtisch war er glockenklar in der Birne; doch schicktest du ihn Würstchen kaufen, brachte er garantiert Rosinenbrot. »Na, hör mal«, sagte ich. »Du hast doch dem Sobotzki sein'n Polterabend nicht vergessen?!«

Das war ihm jetzt wohl peinlich; er kratzte sich das Kinn. Einer der Bauherren tippte was in seinen Rechner, der andere schaute auf die Uhr, so ein Protzding, das aussah wie drei, und Juhre murmelte: »Ach das ... Na ja, werd sehen. Vielleicht komm ich auf 'ne Stunde rum.«

»Das mach mal! Ist schließlich dein alter Kolonnenführer. Der freut sich 'n zweites Loch in'n Arsch.«

Das hatte ich natürlich extra so gesagt – wie das mit den Mietern, die kommen können. War ja alles Eigentum. Ich mochte die Hamburger eben nicht; besonders den Grauen mit der Perle im Schlips, den hatte ich gefressen. Der wollte mal den Vierkötter von der Baustelle jagen. Es ging um irgendwelche Risse, eine fehlende Dehnungsfuge, und der Jupp, ganz Sachse, gab ihm Zunder; die stand nämlich nicht im Plan. Da sagte der Lackierte doch glatt: »Wir sind in Berlin, mein Herr. Sie können deutsch mit mir reden.«

Ich drückte die Blechtür zu, stopfte mir den Hut in die Tasche und stieg aufs Rad. Der Gegenwind war stark, Hemd und Hosenbeine schlotterten, aber zum Glück hatte ich es nicht weit, und während ich über das Pflaster fuhr, überlegte ich, ob man jetzt ein Geschenk mitbringen mußte zu einem Polterabend oder nur altes Geschirr. Auch die Kleiderfrage war unklar. Meinen Sonntagszwirn wollte ich nicht anziehen, denn gefeiert wurde draußen, unter so einem Zeltdach, und wenn die erdige Lisa sich an dir rieb, war der Anzug nicht lange gut. Sobotzki wohnte in Schöneiche, direkt am Wald, wo wir manchmal Schlingen legten, und Lisa war ein zahmes Wildschwein. »Es gibt keinen besseren Wachhund«, sagte er immer. »Schweine sind gelehriger, als man denkt. Nur den Garten, den kannst du natürlich vergessen.« Deswegen hatte er alles betoniert.

Na ja, fast alles. Ich duschte und rasierte mich und zog den alten Blazer an, den mit den silbernen Knöpfen. Sogar einen Schlipsknoten kriegte ich hin, und dabei dachte ich an die drei Spatzen auf dem Ast, so ein Nippesding, das ich nach Mutters Tod in die Besenkammer gestellt hatte; das ging als Geschenk durch und war gleichzeitig Porzellan, falls es jemand zerdeppern wollte. Ich wickelte es in ein Handtuch und klemmte es auf den Gepäckträger.

Doch als ich losfahren wollte, fiel mir ein, daß ich im Finstern zurückkommen würde; die Waldwege nach Schöneiche waren unbeleuchtet, und mein Drahtesel hatte schon lange keine Lampe mehr. Also nahm ich ein Stück Schnur aus dem Schuppen und band einen Handstrahler an den Lenker. Geht alles. Ich fuhr noch mal an der Baustelle vorbei, und jetzt stand nur noch Juhres Auto vor der Bude. Er grübelte über den Plänen, und wahrscheinlich hatte er sich gerade den Helm abgenommen; die Haare waren noch verformt. Doch als ich pfiff, hob er nicht den Kopf.

Der Wind hatte sich gelegt; in den Scheiben glänzte die Sonne wie rotes Gold, und wenn man die Klinkerwände sah, konnte man schon stolz werden auf seine Arbeit. Ich meine, ich bin bloß Handlanger, klar, aber auf den Speiß kommts auch an. Nur ein bißchen unreiner Sand, etwas Mischöl zuwenig oder eine Schippe Kalk zuviel, und schon kannst du den Akkord vergessen, und die Maurer müssen sich fragen lassen, ob sie mit der Schnapsflasche gelotet haben. Ist doch so. Speiß anmachen bleibt eine Kunst, besonders heutzutage, wo alle mit Stecksteinen und Klebern arbeiten, und wenn der Sobotzki »Manni!« ruft, »Manni, mach mal!«, dann kriegt er, was er braucht. Erste Sahne.

Als ich in Schöneiche ankam, war die Party schon ziemlich angeheizt, und viele hatten einen Servus, auch Bärbel, seine neue Frau. Sie war spindeldürr, mit einer richtig durchgeräucherten Stimme, und sie umarmte mich, obwohl wir uns noch nie getroffen hatten. Die Zähne sahen kaputt aus, grau; aber das lag wohl an den Plomben dahinter. »Der Günther hat mir schon so viel von dir erzählt«, sagte sie, was garantiert nicht stimmte; ich kenn den. Sie wollte eben freundlich sein. Und dann wendete sie ein paar Würstchen auf dem Grill.

Ich hatte Doris, seine erste Frau, ziemlich gern gemocht;

sie konnte gut Haare schneiden. Aber Bärbel war bestimmt auch nicht schlecht. Sobotzki hatte mir erzählt, daß sie Porträts malte, nach Fotos. Sie trug weiße Jeans mit Schlag und so ein Hippiehemd und hatte sich Ketten und Armbänder aus Eicheln, Hagebutten und Kastanien umgehängt. Manche waren goldbemalt, und sie nahm meine Hand und führte mich unter das Zeltdach, wo jede Menge Kerzen brannten.

»Menschenskind!« rief Günther, der mit ein paar Leuten Karten spielte; er trug zwar ein gutes Hemd, aber kurze Hosen, und auch die anderen waren eher lässig gekleidet, im Freizeit-Look. »Hat der Alte dich endlich gehen lassen? Ich glaub, ihr habt 'n Liebesverhältnis, ihr zwei, oder?« Er knallte ein As zwischen die Gläser. »Was bringst'n da?«

Sein Bauch war unglaublich, aber er hatte flinke Beine und mauerte die schwersten Ecken, als wären sie leicht; er schien die Steine nur mit den Fingerspitzen zu berühren. Doch als er mein Geschenk aus dem Handtuch wickelte, brach er einem Vogel die Schwanzfeder ab. Sie war ziemlich dünn. »Na, macht nichts.« Ich lockerte meinen Schlips. »Ist eh zum Poltern gedacht.«

»Sehr gut!« sagte er und holte auch schon aus mit dem Teil. Er wollte es wohl in die Garage pfeffern, wo ein Haufen Scherben lag, nicht nur Porzellan; ich konnte Glas, kaputte Gehwegplatten und Blumentöpfe sehen. Doch er zielte nicht richtig, die Spatzen fielen in den Nachbargarten, zersprangen in einem leeren Bassin, und er grinste mich an. »Siehste, alles verkehrt ... Heirate nie!« Dann schlug er seiner Bärbel auf den Hintern. »Und du gib dem Kerl was zu trinken, verdammt, oder soll der hier festtrocknen? Und nimm dir endlich das Studentenfutter von der Brust! Sieht ja furchtbar aus!«

Sie hob das Kinn. »Seit wann denn das? Gestern hast du's noch gemocht!«

Er mischte neu; sie warf sich das Zeug über die Schulter nach hinten. »Kein Kunstverständnis«, murmelte sie und führte mich in den Wintergarten, wo ein langer langer Tisch stand, ein tolles Buffet, schon ein bißchen geplündert. Die halbe Firma war da, inklusive Sekretärin, jede Menge Nachbarn und drei oder vier Leute, die ich nicht kannte. »Stärk dich erst mal, hörst du. Damit du 'ne Grundlage hast. Die Soleier sind super. Und das hier ist Gehacktes vom Hirsch. Ansonsten gibts noch Fleisch auf dem Grill. Willst du 'n Bier?«

Sie war wirklich nett, und ich packte mir einen Teller voll und setzte mich an einen Campingtisch im Garten. Die Musik, die aus den Boxen auf den Fensterbänken kam, war nicht gerade mein Fall, deutsches Zeug, doch manche sangen mit. Ein Weißhaariger legte sie auf, der einzige, der außer mir ein Sakko trug, einen Anzug sogar, aber mit Turnschuhen; er stand an einem Mischpult und wünschte mir einen guten Appetit übers Mikrophon. Ich hatte gerade den Mund voll und blickte mich um. Wenige Frauen in meinem Alter, genaugenommen zwei; aber die tanzten zusammen.

Kurz darauf notierte er sich Plattenwünsche und kam auch zu mir. Er hatte interessante Manschettenknöpfe, Ferrari-Wappen. »Gefällt Ihnen meine Musik?«

Ich nickte. »Tadellos. Machen Sie das beruflich?«

»Ich? Nein, nein. Ich mach nichts. Bin Bärbels erster

Mann. Also, ihr dritter, rückwärts gesehen. Wo ist denn diese komische Wildsau jetzt? Vor der muß man sich hüten, oder?«

»Ach was!« Ich zeigte auf das Buffet. Die Papierdecke reichte nicht ganz bis zum Boden, und wenn man genau hinsah, konnte man Lisas Fell erkennen. Zwischen Brotstücken und Salatblättern schien sie zu schlafen, wahrscheinlich vollgefressen. »Die ist in Ordnung. Nur nicht füttern, sonst wird man sie nicht los. Hat mir schon Knöpfe von der Hose geknabbert.«

Später kam Leo an meinen Tisch, Günthers Bruder. Er war der Älteste in der Kolonne und hatte schon Probleme mit dem Kreuz. Hinter seinen Lupengläsern schienen die Augen immer ein bißchen zu wackeln, als lägen sie nicht fest in den Höhlen, und er trank Kamillentee mit Schuß, was bei ihm nichts Besonderes war. Er spülte auch seine Herztabletten mit Kaffee runter.

Wir knobelten ein paar Runden, und nachdem ich dreimal hintereinander gewonnen hatte, stand er auf und ging davon. Er konnte nicht verlieren. Dann knipsten sie die Partylichter an, bunte Ketten, und immer mehr Leute tanzten vor der Garage, meistens Klammerblues. Günther hatte sich die Tochter von seinem Nachbarn geschnappt, so eine Knackige im Minirock, die garantiert keinen BH trug, und er schnitt mir Fratzen hinter ihrem Rücken. Aber vielleicht meinte er auch seine Frau; die hatte sich einfach neben mich gesetzt und wischte mir irgendwas vom Schlips.

»Ich wette, bei dem tropfts schon«, sagte sie. »Guck mal, wo seine Hand liegt ...« Dann bot sie mir eine Zigarette an, ein dünnes Ding mit Blümchenfilter, und gab mir Feuer. Sie hatte so einen Colt. »Na, heute kann er sich noch mal austoben.«

Wir tranken einen Kurzen, und beim Anstoßen sah sie mir ziemlich tief in die Augen. Danach tanzte sie auch, allein, und ich setzte mich zu Czapla, dem Kranführer. Mit dem war ich in der NVA gewesen, und er wohnte ebenfalls in Friedrichshagen, aber in dem Hochhaus am Markt. Eigentlich schlimm. Damals, als mein Vater und ich anfingen zu bauen, hatte er nur gegrinst. Ich meine, es gab ja nichts, schiefe Bretter und Sauerkohlplatten; du warst nur am Organisieren, einen Räucheraal gegen zwei Schubkarren Sand, und er sagte immer: Ihr seid doch blöd. Ich zahl sechzig Mark, mit Müllschlucker; so billig kann keiner bauen. Was ruiniert ihr euch die Nerven. – Und jetzt hängt er immer noch in der Kiste, wird von den Handy-Antennen verstrahlt und muß mehr als den halben Lohn Miete berappen.

Er trank ziemlich viel für einen Kranführer, auch auf Arbeit; doch passiert war noch nichts. »Hör mal zu«, sagte er und machte eine lange Pause. Die Musik war leiser als vorher, die Tanzenden schienen sich überhaupt nicht mehr zu bewegen, standen einfach da in dem bunten Licht, und das Wildschwein ging zwischen ihnen herum und beschnupperte den Boden. Komisch, dachte ich noch, ich hab mir einen Polterabend immer anders vorgestellt.

»Hat der Alte schon mit dir geredet?«

»Wieso?« fragte ich, und wieder starrte er lange vor sich hin. Flugzeuge blinkten im Himmel. Nirgendwo ein Stern.

»Aber mit mir …«, sagte Czapla, und nahm sein Pils aus dem Gras. »Mich verkauft keiner für doof. Ich seh jede Ratte in meinem Schwenkbereich. Die Seeseite haben wir doch prima hingekriegt, oder? Da können Filmstars wohnen. Aber der Termin gilt für beide Flügel, und die ganze Kiste ist eine Nummer zu groß, das hab ich ihm gleich gesagt. Mit den Leihgebüren für Silos und Maschinen fängts an, und mit diesen Subunternehmern hörts auf. Die lassen dich hängen, wenn du keine knallharten Verträge machst; die gehen lieber auf Schwarzarbeit. Und dann bist du eben im Arsch.« Er hob den Kopf. »Nicht wahr, Güntherchen? Der Juhre ist kein Mann für harte Verträge.«

Sobotzki, das Hemd bis zum Nabel offen, zog einen Plastikstuhl an den Tisch. Er hatte den Schmuck seiner Zukünftigen in der Hand und kratzte sich den behaarten Bauch. »Wer? Der Juhre? Mit dem bin ich fertig. Wenn der sich zu fein ist für meinen Polterabend, kann er mich kreuzweise, der Arsch. Wer hat ihm die Firma denn aufgebaut nach der Wende? Wir, die Kolonne Sobotzki, stimmts? Weil es uns gibt, kriegt er die Aufträge. Keiner mauert so sauber. Und jetzt spielt er den dicken Kapitalisten und läßt sich nicht blicken beim Volk.«

Dann pfiff er, mehrmals, wie nach einem Hund, und schon kam Lisa angetrabt. Sie war ein schlankes, ziemlich hochbeiniges Wildschwein, immer zum Toben bereit; der Geruch war Geschmackssache, und wenn man ihr über den Rücken strich, hatte man das Gefühl, eine Schuhbürste zu streicheln. Aber Menschen tat sie eigentlich nichts. Nur den Dackel des Nachbarn, den

hatte sie mal so gebissen, daß man ihm eine Pfote ab-
nehmen mußte.

»Der ist sowieso im Eimer, unser Juhre. Wenn die Hamburger hart bleiben, muß er Vertragsstrafe zahlen. Das
haben die gleich mit einkalkuliert, die Brüder; die wußten, daß so ein kleiner Ostkrauter die Termine nicht
halten wird. Und das ist kein Taschengeld, Leute; das
ist die Bausumme! Da kann er nur noch Konkurs an-
melden, und wir sehen uns im Arbeitsamt wieder.«

Sobotzki warf Lisa die Ketten und Armbänder hin, und
sie beschnupperte sie kurz und grunzte ein bißchen,
scharrte im Gras. Die Ohren und das Schwänzchen
zuckten, und dann hörte man sie auch schon krachen
zwischen ihren Zähnen, die Eicheln, Hagebutten und
Kastanien, auch die goldenen, und ich blickte mich
nach Bärbel um.

Aber sie war nirgends zu sehen. Wir spielten ein paar
Runden Skat, und gegen Mitternacht lernte ich doch
noch eine Frau kennen, eine entfernte Verwandte von
ihr, ungefähr in meinem Alter. Sie hieß Cornelia, kam
aus Wismar und arbeitete als Formenschnitzerin für
Marzipantorten. Wußte gar nicht, daß es so einen Beruf überhaupt gibt. Die nehmen nur Birnenholz. Wir
tranken Bowle auf der Veranda, und sie erzählte mir,
daß man sie letztes Jahr sogar zu einem Wettbewerb
nach Lübeck eingeladen hatte. »Ach was«, sagte ich.
»Ist ja 'n Ding. Herzlichen Glückwunsch!«

Sie schlug die Beine übereinander, zog an ihrem Rock.
»Von wegen! Die haben mich gleich wieder disquali-
fiziert. Man sollte diese Jury verklagen. Ich hatte ein
traumhaftes Ding geschnitzt, eine Hafenszene mit Schif-

fen und Kränen und allem Gedöns; sogar ein kleiner Angler saß auf der Mauer. Da war meine ganze Liebe drin. Und wissen Sie, warum die mich gar nicht erst antreten ließen? Weil sie meine Form für schadhaft hielten. Die dachten, sie hätte einen Haarriß, diese Idioten.« Sie schüttelte den Kopf. »Dabei war das die Schnur von dem Angler!«

»Scheiße auch«, murmelte ich, und dann tanzten wir ein bißchen, ziemlich eng. Ich mochte zwar ihr Parfüm nicht besonders, zu schwül, doch sie war schön griffig und so, und ich glaube, sie befühlte meine Muckis durch den Stoff. Sie duzte mich schon nach dem zweiten Tanz. Aber dann nahm sie ihre Handtasche vom Tisch und verschwand, und als sie nach einer Weile nicht wiederkam, ging ich sie mal suchen. Vielleicht hätte ich sie küssen sollen, dachte ich noch; einmal hatte sie mich so angesehen.

Das Schwein lief mir nach, schnappte nach meinen Schuhbändern, und ich gab ihm einen Tritt, nur leicht; doch das Quieken klang wie ein Fliesenschneider. Meine Schöne saß im Badezimmer, auf dem Wannenrand, und tröstete die heulende Bärbel. Überall lagen zerknüllte Papiertaschentücher, manche hatten schwärzliche Flecken, und sie riß gerade ein neues Päckchen auf und machte mir so ein Zeichen: jetzt nicht . . .

Und das wars auch schon. Ein ziemlich lahmes Fest. Der Günther schlief im Wintergarten, vor laufender Glotze; er hielt noch die Fernbedienung in der Hand, und als ich wieder auf dem Fahrrad saß, fiel mir auf, daß ich ganz schön benebelt war von den Schnäpsen. Außerdem hatte ich die Lampe nicht richtig festgebunden; der Lichtpunkt tanzte irgendwo in der Wildnis herum, während ich mit meinem Schluckauf immer gerade durch die schlimmsten Löcher fuhr. Aber sonst ein schöner Weg, ganz still, und als ich auf den Müggelseedamm bog, war da nicht ein einziges Auto.

Der Mond stand hoch über der Baustelle, und der große Westflügel sah richtig elegant aus vor dem Wasser mit den Booten und den Uferbäumen, ziemlich teuer auch. Mein altes Friedrichshagen ... Früher ist dir hier der Stuck auf den Dez gebröckelt, und du kriegtest keine Luft von dem Kohlenrauch, und jetzt: der reinste Erholungsort. Fehlt nur noch, daß wir Kurtaxe zahlen.

Die rostigen Schutzbleche rappelten auf dem Straßenpflaster, und fast wäre ich in die Schienen geraten: Ich wollte gerade abbiegen, als sich etwas bewegte im dritten Stock, wo sich Pappeln in den Scheiben spiegelten, ein paar Wolkenfetzen auch. Na komm, dachte ich noch, wer soll denn das sein um diese Zeit. Der Heilige Geist? Du bist einfach nur besoffen, du Idiot. – Aber nee, kurz darauf sah ich schon wieder was, und zwar im vierten, und blieb stehen. Blitze zuckten durch die Räume, ein fahles Geflacker, als ginge jemand mit einer Lampe herum, und da kratzte ich mir doch den Kopf.

Ich meine, Handwerker oder Leute von der Immobilienfirma konnten es kaum sein, die hätten richtig Licht gemacht; war ja alles installiert. Und Einbrecher – was wollten die holen? Alle Wohnungen waren leer. Also fuhr ich mal auf den Bauplatz, lehnte mein Rad gegen die Mischmaschine und ging um die Silos herum durch den Kies, ein komisches Gefühl, wie auf einem fremden Planeten. Doch das lag an den Sonntagsschuhen.

Der Eingang des Westflügels war noch provisorisch, eine verbeulte Stahltür in einem Rahmen aus Kanthölzern, von den Kroaten gezimmert, und wenn ich bis dahin Zweifel gehabt hatte – jetzt war alles klar. Jetzt hätte man eigentlich schon anrufen müssen. Mit einem Spaten oder einer Brechstange oder was hatte jemand die Zarge aus dem Holz gehebelt und einfach nach innen gekippt, auf die Platten aus poliertem Malachit, und ich blieb vor der Schwelle stehen und spitzte die Ohren.

Keine Stimmen, nur so ein Gluckern und Rauschen, und meine Augen brauchten ihre Zeit, um sich an die Schwärze zu gewöhnen. Aber dann hätte ich sie am liebsten geschlossen. Meine Fresse! Überall Wasser. Es triefte von den Decken, lief die Treppen runter und plädderte in den Aufzugschacht. Das Appartement im Parterre stand offen, und der Salon mit der vertieften Wohnebene sah aus wie geflutet; jede Menge Löcher waren ins Parkett gehackt, in den Estrich darunter, aus den zerfetzten Schläuchen der Fußbodenheizung sprudelte es nur so, und als erstes dachte ich daran, in den Keller zu rennen und den Haupthahn zuzudrehen, auch wenn ich keine Ahnung hatte, wo der war. Aber dann zog ich eine Latte aus dem Schutthaufen neben dem Eingang, einen schönen Prügel, und stieg die Treppe hoch.

Das war vielleicht nicht besonders klug, denn ich wußte ja nicht, wie viele da oben die Sau rausließen; doch wie Sobotzki immer sagte: Du bist stark, Manni, du brauchst nicht intelligent zu sein. An manchen Stufen waren die Kanten weggeschlagen, wie abgebissen sah das aus, und auch in den anderen Wohnungen nichts als Verwüstung. Türen in Trümmern, Lichtschalter und Thermostate aus dem Putz gerissen, eine ganze Einbauküche Schrott – ich kriegte eine Wut, ich hätte schreien können. Aber ich blieb still. Ich ging fast auf Zehen.

Die Kerle waren im obersten Stock, dem fünften, wo es große Panoramafenster gab; du konntest über den See und die Wälder bis zum Flughafen gucken. Die Wohnung mußte noch gereinigt werden, in dem langen Flur lag Malerpapier, hellgrau, und den nassen Spuren nach war hier nur einer reingegangen, mit großen Schritten. Aber er hatte kleinere Füße als ich, die Abdrücke verschwanden ganz unter meinen Schuhen, und ich umfaßte die Latte fester.

Ein paar Schwäne landeten auf dem See, und ich hielt die Luft an und hörte das Geräusch, das entsteht, wenn du Parkettboden mit einer Picke hochhebelst, so ein Wimmern, fast wie Gesang. Bevor es dann kracht. Ich kenn das von tausend Abbrucharbeiten, und als ich in das mondhelle Wohnzimmer sah, bückte er sich gerade, ein Typ in Jeans und kariertem Hemd, schmächtiger als sein Schatten, und schob ein paar Bretter zur Seite. Dann, den Fäustel in beiden Händen, schlug er auf den Estrich ein, immer wieder; die dünnen Haare über seinen Ohren flogen hoch, der Betonboden dröhnte, und ich linste um die Ecke, ob da noch einer mit dem Kantholz stand.

Aber er schien wirklich allein zu sein – und dann war

ich schneller bei ihm, als er den Kopf drehen konnte. Ich rannte ihn einfach um; er hatte kaum Zeit, sich zu wundern, ließ nur so ein Ächzen hören, und beide sackten wir auf das Parkett. Das Hemd war klatschnaß auf dem Rücken, und ich umfaßte sein Gelenk, drehte ihm den Fäustel aus der Hand und schmiß ihn in die Küche, wo irgend etwas klirrte.

Dann kam ich auf die Knie und nahm ihn in die Garotte. Er hatte einen Hals wie ein Hühnchen; fast hätte ich Lust gehabt, ein bißchen zuzudrücken. Aber er wehrte sich nicht mal, fuchtelte nur herum und wollte wohl was sagen mit meinem Ärmel und den Blazerknöpfen vor dem Mund; doch ich betastete erst mal seine Taschen, man weiß ja nie. Mir fiel noch auf, daß er eigentlich nicht schlecht roch; mein Vater hatte so ein Rasierwasser gehabt. Münzen klimperten in der Jeans, ein paar Schlüssel, und ich stieß ihn in die Ecke, wo er mit dem Kopf gegen den Heizkörper schlug. »Das wird teuer!« schrie ich. »Dafür gehst du in'n Knast, du Vandalenschwein!«

Ich keuchte ziemlich, aber mehr vor Aufregung, und auch der Typ rang nach Luft und hielt sich die Seite. Ich bin ja nicht leicht, Mann, bin zwei Sack Zement. In dem Licht, das durch das hohe Fenster fiel, sah er blaß aus, wie aus grauem Staub, die Augen in den dunklen Höhlen waren ziemlich groß, und als er sich die Haare aus der Stirn strich, zitterte die Hand. Ein Stoffarmband hing am Gelenk.

Ich bin wirklich nicht leicht, und mein Gott, vielleicht hatte ich ihm was gebrochen; wie schnell ist ein Wirbel kaputt. Dann schwirrte es nur so in meinem Kopf, aber ich konnte nicht schlau werden aus der Situation. Ich steckte ja mittendrin und band mir erst mal den Schlips ab, stopfte ihn in die Tasche. Draußen fingen die ersten Vögel an, ein schrilles Geschrei, und langsam stand ich auf.

»Juhre?«

Doch er sagte nichts. In seinen Augen ein seltsamer Glanz, irgendwie fiebrig, und ein breiter Streifen Blut lief ihm aus der Nase und über den Mund. Zerrissen das Hemd, auf der Brust glänzte Schweiß. Er war mal ein ziemlich starker Kerl gewesen und ein guter Maurermeister dazu; als er noch selbst in der Kolonne geackert hatte, konnten wir uns vor Schwarzarbeit kaum retten. Aber seit er die Firma führte und diesen Papierkram machte, nahm er jedes Jahr mehr ab, ein Jammer. Ich meine, ich hab auch keine Frau, aber deswegen werd ich bestimmt nicht mein Kotelett vergessen.

»Juhre!« sagte ich wieder. »Menschenskind, was machst'n du für'n Scheiß? Bist du besoffen? Nu sag ein Wort!«

Doch er schwieg. Er hing wie verrenkt in der Ecke und sah mich an, mit offenem Mund, als würde er grinsen; auch die Zähne waren blutig. Ich schüttelte den Kopf. »Ich glaubs einfach nicht. Fast hätte ich dich ... Wie kannst du so was tun! Die Leute wollen einziehen hier! Nächste Woche wollen die einziehn, Juhre! Gehts dir nicht gut? Bist du krank, oder was?«

Er stieß etwas Luft durch die Nase, vor der ein Bläschen platzte, versuchte aufzustehen, und ich packte seine Unterarme, zog ihn hoch. Ohne den Helm kam er mir kleiner vor, und doch war es so, als würde ich

mein eigenes Gewicht aus der Ecke ziehen. Er schwankte ein bißchen, stöhnte leise und kramte in seiner Hemdtasche herum. Dann steckte er sich eine Zigarette zwischen die Lippen und bot auch mir eine an, ohne Filter.
Das hatte er selten gemacht seit der Wende. Also nicht
daß er geizig wäre. Aber ich bin eben Handlanger, und
er ist der Chef.

Ich gab ihm Feuer, und meine Finger waren ganz ruhig;
doch das Herz schlug wie verrückt. Rauchend blickten
wir aus dem Fenster auf das Baustellenschild, wo der
Aufkleber mit dem Datum sich gelöst hatte; er klappte
hin und her in der Morgenbrise, und in einer Pfütze
vor den Silos badeten Spatzen.

Sie machten einen ziemlichen Wirbel mit ihren kleinen Flügeln, das Wasser spritzte wie Silber von ihnen
ab, wie flüssiges Kristall, und ich wunderte mich noch;
ich dachte, Spatzen baden nur im Staub. Da sagte
Juhre: »Guck dir das an.« Er klang ziemlich heiser und
räusperte sich. Doch die Stimme blieb dünn. »Die haben keine Sorgen, was? Sind besser dran als wir. Die
wissen überhaupt nicht, was das ist: Zeit.« Langsam
schüttelte er den Kopf. »Wahrscheinlich wissen sie
nicht mal, daß sie Spatzen sind.«

Ich schluckte. Der Tabak schmeckte bitter, und ich
streifte die Asche an der Fensterbank ab, neben einer
Brechstange, die dort lag. Sie war nicht aus unserem
Magazin, das sah ich gleich; sie war neu. Die Schleif-
stellen glänzten, an der Krümmung klebte noch der
Preis, und ich wog sie in der Hand, ein schönes Pfund.
Unsere waren etwas leichter. Juhre grinste müde, klopf-
te mir aufs Kreuz.

Ich blickte mich um. Die Küchentheke, melierter Marmor, die hatte ich mit Sobotzkis Bruder eingesetzt, ebenso das Kaminboard; in dem Weinregal aus Rundziegeln lag noch ein Zollstock, und plötzlich steckte mir auch was im Hals. Also, keine Rede von Tränen; so nah hab ich nicht am Wasser gebaut. Aber komisch wurde mir schon. Manchmal hilft es nämlich gar nichts, wenn man eine Sache versteht.

Unter dem Aufkleber mit dem Datum war noch ein anderes, das frühere, und ich drückte meine Kippe aus und folgte Juhre durch den Wohnraum ins Bad, wo er den Holzdeckel vom Klo riß und damit den Spiegel zerschlug. Der Mond sank langsam hinter den Wald, die gezackten Wipfel, und am anderen Ufer des Sees dämmerte es schon. Ein Flugzeug stieg in den Himmel. Nu mach, Manni! sagte ich mir. Manni, mach! Und während wir die Seifenschale und die Armaturen aus den Kacheln brachen, während wir Lampen und Kabel aus dem Putz rissen und Löcher in die Wanne und den Lamellenschrank traten, sahen unsere Schatten an den Wänden aus, als gehörten sie nicht zu uns. Als würden das ganz andere tun.

In tiefster Trauer

Ruhig war es nicht in dem Viertel, nicht nur wegen der Flugzeuge. Wenn die Fenster offenstanden und die Autos über das alte Pflaster fuhren, machte es Mühe zu telefonieren. »Also, was jetzt«, sagte der Mann und knibbelte an den Fingernägeln. »Was genau meinen Sie mit: vor der Tür?«
Der Stimme nach war die Frau sehr jung, ein Mädchen noch, und er schüttelte den Kopf. »Sie meinen *dahinter*, oder? Meinen Sie dahinter?«
Sie seufzte und wiederholte ein wenig leiernd, was er nicht noch einmal hören wollte. »Ja doch!« unterbrach er. »Ich war schon in der Seelenbinderstraße; ich weiß, wo sich der Schalter befindet ... Nehmen wir doch einfach an, ich stehe neben Ihnen in der Halle, und beide blicken wir auf die Drehtür, okay? Dann gehe ich also nicht hindurch, sondern wende mich vorher nach rechts, oder was?«
Die Frau korrigierte ihn abermals, und er wickelte sich die Telefonschnur um die Faust. »Aber gerade haben Sie noch *davor* gesagt. Aus Ihrer Perspektive gesehen, wäre ich also immer noch in der Halle. Dann sagen Sie doch bitte gleich: *hinter* der Tür!«
Er kratzte sich den Nacken. Der Schweiß dort hatte sich mit Staub vermengt und juckte. »Was? Das kann

jetzt nicht Ihr Ernst sein. Ich sagte vorhin deutlich, wir stehen an Ihrem Schalter, wieso sprechen Sie dann aus meiner Sicht? Natürlich komme ich von außen, woher denn sonst; ich will schließlich was von Ihrer Behörde ... Gut, lassen wir das. Wir befinden uns also vor der Drehtür. Aber dann kann es doch nicht mehr stimmen, daß ich nach rechts muß; Westwind kommt auch nicht von Osten. Dann gehe ich nach links, oder was?«

Die Frau bat um einen Moment Geduld, blätterte in Papieren, und ein Pfeifen, nur scheinbar weit entfernt, wuchs sich zu einem Fauchen aus, die Scheiben vibrierten, und ein Airbus flog über das Dach, Lufthansa. Der Mann hielt sich das freie Ohr zu. »Wie? Ach ja! Vielen Dank auch! Und wofür jetzt das ganze Theater? Verdammt noch mal, wieso arbeiten Sie da, wenn Sie nicht mal richtig Deutsch können?«

Sie legte auf, und er stellte den Apparat auf die Umzugskisten und bückte sich nach dem Spachtel, der ihm beim Telefonieren heruntergefallen war, steckte ihn in die Gesäßtasche seiner Jeans. Dann warf er den Gips, inzwischen erstarrt, mitsamt der Schale in den Müll, nahm sich eine Flasche Bier aus dem Kühlschrank und ging auf die Dachterrasse. Die Sichtblende war überwuchert von wildem Wein, und überall auf den Terrakotta-Fliesen standen Vasen, Schüsseln, Töpfe, bis zum Rand mit Wasser gefüllt. Es zitterte noch.

Der blaue Himmel sah aus wie kariert von zerlaufenden Kondensstreifen. Im Garten saß die Tochter des Vermieters und rauchte; auf dem Tisch CDs und Illustrierte, und ihr Kind, das eine Mütze mit Nackenschutz trug, spielte im Sandkasten und hob eine Schaufel in dem Moment, in dem sein Schatten über den Rasen fiel. Die Mutter sah hoch, beschirmte sich die Augen, und der Mann trat einen Schritt zurück.

Es klingelte an der Wohnungstür, und er stellte sein Bier auf die Flurgarderobe, kickte ein paar Socken zur Seite und betrachtete sein unrasiertes Gesicht im Spiegel. Die Augen waren gerötet und die Haare stumpf vor Staub und widerspenstig, und als er nach einem Kamm suchte in seinen Taschen, riß er sich den Daumen an dem Spachtel auf.

Er sog die Luft durch die Zähne ein, und erneut hämmerte der Klöppel auf die Schale voller Farbspritzer, was ein irgendwie tonloses Geräusch ergab, als trommelte jemand mit spitzen Fingernägeln auf einem Tisch aus Blech. Den Mund auf die Wunde pressend, versuchte er etwas zu erkennen durch den Spion, den er noch nicht gereinigt hatte nach dem Streichen, sah aber nur einen cremefarbenen Nebel. Schwindelig wurde ihm vom Geschmack seines Blutes.

Jemand klopfte, und schließlich schob er den Daumen hinter den Hosenbund und öffnete die Tür. Eine Schusterpalme stand auf dem Podest; einen Lidschlag lang wußte er nicht, was Pflanze war, was Schatten. Durch das farbige Treppenhausfenster fielen Sonnenstrahlen auf die Bluse der Frau, und sie griff sich an den Hals. Groß die Augen in dem gebräunten Gesicht, erschrocken der Blick, doch der offene Mund verzog sich schon zu einem Lächeln. »O Gott! Bin ich zu spät?«

Sie hatte eine dunkle, seltsam rauhe Stimme, und die

langen schwarzen Haare waren von einer Dichte und Kraft, wie man sie selten bei Deutschen sieht, eigentlich nie. »Ich bin zu spät, oder?«

»Zu spät?« fragte er.

»Ist Vera schon weg? Ich hab es nicht gleich gefunden; ein Zug fiel aus, und dann fuhr kein Bus.« Sie trat auf die Matte und reichte ihm die Hand. »Ich bin Mina, ihre Schülerin. Hallo!«

Nachtblau die Hose, ziemlich eng, und sie trug ein Armband, das wohl ein Handy war, und einen großen Bernsteinring. »Kommen Sie rein«, sagte er und trat zurück. »Ich dachte schon, Sie wären die verdammte Post.«

Sie putzte sich die Füße nicht ab. Die Lippen waren geschminkt, und ihre Zähne sahen aus wie die einer Zwanzigjährigen; doch hatte sie eine Andeutung von Tränensäcken unter den Augen und einzelne graue Haare zwischen den schwarzen. Keine Handtasche. »Sie sind Nick, nicht wahr? Haben Sie sich verletzt?«

»Nein, nein.« Er saugte an dem Daumen. »Oder doch. Ich bin wohl nicht sehr geschickt, deswegen sieht es hier auch so aus … Geradezu, bitte. Im Moment ist die Küche der Salon.«

Langsam ging sie durch den Flur und blickte in die Räume voller Kisten und zerlegter Möbel. »Donnerwetter!« Sie verschränkte die Hände auf dem Rücken. »Wenn das keine Traumwohnung ist. So viel Platz! Und die Gegend ist wirklich toll. Diese schönen alten Häuser überall, die breite Spree. Besser als Neukölln, oder? Grüner auch. Gibt es hier überhaupt Ausländer?«

Sie blieb vor dem riesigen Wandschrank stehen, musterte die leeren Fächer, die Stangen in zwei Etagen; ein Sakko hing daran, ein einzelner Schlips. »O doch«, sagte er. »Ich glaube schon. An der Ecke ist jedenfalls ein türkischer Imbiß. Und ein Sushi-Point eröffnet demnächst.«

Schmunzelnd blickte sie sich um, und er nahm einen Müllbeutel aus dem Weg und wies mit dem wunden Daumen nach rechts. »Dort entlang. Entschuldigen Sie bitte, ich muß mal kurz ins Bad.«

Das Türholz im unteren Feld war gerissen, man sah den Abdruck einer Sohle. Leere Flaschen lagen in der Wanne, und er hielt die Hand unter fließendes Wasser und kramte Pflaster aus dem Regal, ein Briefchen voller vorgeschnittener Stücke. Sein Rasierpinsel, Tabletten und ein paar Tampons fielen zu Boden, und nachdem er sich verbunden hatte, ging er in die Küche.

Doch die Frau stand draußen, am Rand der Terrasse. Den Rücken durchgedrückt, hatte sie einen Fuß auf den Klinkersockel gestellt; die Hüfte wölbte sich etwas vor. »Was für eine Aussicht!« sagte sie, ohne sich nach ihm umzudrehen. »Diese ganzen Gärten ... Sie sind wirklich Kinder des Glücks, oder wie heißt das?«

»Glückskinder«, sagte er. »Wollen Sie ein Bier?«

»O Gott, nein!« Sie warf die Haare zurück, kratzte sich unter der Brust. Das Innenfutter ihrer Hosentasche war orange. »Wir müssen doch was tun! Ist Vera nicht da?«

»Doch«, sagte er. »Sie kommt gleich. Wahrscheinlich mit der nächsten Bahn. Sie sind also Nina, ihre Schülerin? Sie haben im Fruchthof gearbeitet, stimmts?«

»Mina«, verbesserte sie. »Das war vielleicht ein Theater am Ostkreuz. Eine richtige Prügelei! Ein Mann sagte
zu einer Frau: Du hast doch auch nur einen blonden
Vertrag! Und schon gings los.« Sie boxte in die Luft,
und ihr Ring schlug gegen das Geländer, was einen hellen Ton ergab. »Vom Fruchthof hat Vera also erzählt?
Schrecklich, sag ich Ihnen. Jeden Morgen um halb vier
raus. Manchmal bin ich erst gar nicht ins Bett. Eine
wilde Zeit.«
Er wies auf die Stühle. »Kommen Sie, da ist es schatti-
ger. Möchten Sie denn einen Tee? Fenchel wäre noch
da, vielleicht auch Jasmin, ich muß mal sehen. Oder einfach nur Wasser?«
Nickend schlüpfte sie aus ihren Schuhen. »Wenn Sie
ein stilles hätten ... Ich zieh die mal aus, ja?«
»Klar doch, fühlen Sie sich frei.« Er ging in die Küche, riß einen Karton auf und wickelte ein Glas aus
dem Zeitungspapier – mehrere Lagen, die seine Form
behielten wie ein Futteral. Dann ließ er das Leitungswasser so lange laufen, bis es kühl war, und als er wieder auf die Terrasse kam, saß Mina unter dem wilden
Wein. Die Hände im Nacken verschränkt, hatte sie die
Lider geschlossen und hielt die Füße in einen Sonnen-
fleck. Ein Kettchen glitzerte am Gelenk.
Er stellte das Glas auf den kleinen Tisch. »Waren Sie
im Urlaub?«
Sie öffnete nicht die Augen. »Warum?«
»Sogar Ihre Zehen sind braun.«
»Urlaub ist gut. Ich hab geschuftet wie ein Hund.« Das
Wasser schien im Schatten klarer, fast weiß, und sie
trank einen großen Schluck. »Allerdings am Meer«,

fügte sie japsend hinzu und betrachtete den Abdruck ihres Lippenstifts am Glas. »Da gab es wenigstens schöne Menschen. Was macht denn Vera im Moment? Hat sie wieder eine Stelle?«

Er nippte von dem Bier. »Ja, sicher. Ein paar Tage in der Woche, wie immer.«

»Aber sie hat auch Privatschüler, oder?«

»Ich glaube schon. Sie verdient wohl nicht schlecht.«

»Weil sie gut ist!« sagte die Frau. »Sie ist wirklich super. Ich hatte selten so eine Lehrerin. Sie gibt alles und guckt nie auf die Uhr, da kann eine Stunde hundert Minuten dauern. Einmal kriegte ich nicht in den Kopf, was ein Elativ ist, verstehen Sie. Man hat ja Blockaden. Doch sie rief sogar im Fruchthof an und fragte mich ab. In schönster Ordnung, nur beste Weine, in tiefster Trauer – das ist ein Elativ. Hätten Sie es gewußt?«

Er verneinte und setzte sich auf den Stuhl. Es gab einen Einschluß in dem Bernstein, eine winzige Fliege. »Sie ist schon ein Schatz«, sagte die Frau. »Aber das wissen Sie, oder? Sie wissen bestimmt, was Sie an ihr haben, sonst wären Sie jetzt nicht zusammengezogen. Liebe ist eine Pluralbildung, hab ich mal gelesen. Wie lange kennen Sie sich eigentlich?«

»Ach Gott, lange!«

»Aber Sie sind nicht verheiratet.«

Er schüttelte den Kopf. »Und Sie? Sind Sie verheiratet?«

»Aber ja! Schon fast wieder geschieden.« Sie lachte auf, hielt sich eine Hand vor den Mund. »Nein, ist nur Spaß. Bei uns heiratet man früh. Mit achtzehn war

34

ich unter der Haube, mit zwanzig hatte ich zwei Kinder, na ja ... Aber jetzt sind sie erwachsen, und ich mache endlich, wozu ich Lust habe: Sprachen lernen, Informatik studieren oder vielleicht Kunst, interessante Leute treffen, all das. Haben Sie nicht auch mit Computern zu tun?«

Nick zog eine Packung Zigaretten aus der Tasche, bot ihr eine an; doch sie verneinte, indem sie einmal kurz die Augen schloß. »Früher«, sagte er. »In so einer Software-Klitsche. Aber jetzt bin ich frei.« Er zeigte auf die Vasen und Töpfe. »Jetzt sammle ich Regenwasser, telefoniere mit allen möglichen Stellen und nehme die Post für meinen Nachbarn entgegen. Leichte Päckchen.«

Sie lächelte unsicher, zog die Brauen zusammen. »Leichte Päckchen?«

Er drückte auf sein Feuerzeug. »Federleicht. Jeden zweiten oder dritten Tag ein neues, immer aus einer anderen Stadt. Möchte mal wissen, was das ist. Briefmarken? Schmetterlinge? Was glauben Sie?«

Hinter dem Haus fuhr ein Laster vorbei, und die Weinblätter zitterten; sie wurden an den Rändern schon rot. »Ich weiß nicht ... Schmetterlinge wären schön, oder?«

Er zuckte mit den Achseln. »Aber vielleicht ist auch gar nichts drin. Absolut nichts. Das Schweigen der einsamsten Nächte ...«

Lächelnd griff sie hinter sich und zupfte an der weißen Bluse. »Komisch«, sagte sie, und ein Hauch von Spitze erschien unter dem Stoff. »Nach allem, was Vera erzählt hat, hätte ich Sie mir anders vorgestellt.«

»Ach ja? Besser rasiert, nehme ich an?«

»Nein, nein! Oder doch, das auch. Aber ich dachte, Sie wären so ein Drahtiger, Dynamischer, bei dem dauernd das Handy klingelt, wissen Sie. Der alles unter Kontrolle hat. Das Gegenteil von ihr halt, oder ihre Ergänzung. Sie ist doch eher verträumt und ... Wie soll ich sagen? Romantisch?«

»Allerdings«, murmelte er. »Und zwar beinhart.«

Sie drehte an ihrem Ring. »Aber jetzt hab ich Sie ja kennengelernt. Ich finde es immer toll, neue Leute zu treffen. Sie passen gut zusammen, hab ich gleich gesehen; auch von der Größe her, das ist ja wichtig. Im Dezember, als ich mein Kleines gemacht hab ...«

»Moment!« Eine Elster flog vom Schornstein auf, und er verengte die Augen. »Sie haben *was* gemacht?«

»Mein Kleines Deutsches Sprachdiplom. Wir haben das im Café gefeiert, Bergmannstraße, und Vera sagte: So, jetzt flieg erst mal nach Malaga zurück. Und wenn du im Mai oder Juni kommst, haben wir eine neue Wohnung mit viel Platz zum Arbeiten, und ich bereite dich auf das Große vor. Dann lernst du auch meinen Freund kennen.«

»Das Große Deutsche Sprachdiplom?«

»Genau. Und ich hab damals wirklich geweint. Ich dachte nämlich, das klappt nie. Wenn ich wieder zu Hause bin, läßt er mich nicht mehr weg. In Andalusien geht es noch sehr traditionell zu, trotz MTV und Europa und so. Deswegen bin ich auch lieber hier. Als Frau, meine ich.« Sie breitete die Arme aus. »Und voilà: Ich habs geschafft.«

»Sicher«, sagte er und roch an seinem Pflaster. »Warum auch nicht.«

Er starrte eine Weile auf ihre Füße, schien sie aber gar nicht zu sehen, und Mina räusperte sich und zeigte auf den Giebel der Schule, die vergoldeten Ziffern. »Geht die Uhr dort eigentlich richtig?«

»Nein«, sagte er. »Nicht genau. Haben Sie's eilig?«

Rauch wehte ihr ins Gesicht, und sie wedelte ihn weg, eine kurze Handbewegung, bei der sich Licht im Bernstein brach. »Das nicht. Aber ich krieg langsam Hunger, ehrlich gesagt. Erst wollte ich am Bahnhof was essen, doch dann hatte ich Angst, mich noch mehr zu verspäten. Ich kann schlecht lernen, wenn mir der Magen knurrt. Hätten Sie vielleicht ein Stück Brot? Oder Obst?«

Er drehte die Flasche um; etwas Schaum tropfte heraus. »Nichts, tut mir leid, keinen Krümel. Wir leben gerade sehr improvisiert. Ich könnte uns einen Döner holen. Geht schnell.«

»Oh ja!« Die Frau stand auf und strich die Hose über den Hüften glatt. Der Stoff glänzte ein wenig an den Schenkeln. »Eine gute Idee! Aber lassen Sie mich das machen. Ich mach das gern. Da schau ich mir gleich Ihr Viertel an. Soll ich für Vera auch einen mitbringen?«

Er nickte. »Aber einen vegetarischen, ohne Zwiebeln. Sie mag keine Zwiebeln. Mochte sie nie. Und für mich noch ein Sixpack hiervon, bitte. Ich mach mir 'n netten Tag.«

Er hielt ihr Geld hin, einen zerknitterten Schein, und sie griff danach und machte große Augen. »Aber vielleicht hat sie mich vergessen? Oder falsch verstanden? Wir haben das letzte Mal vor einem Monat telefoniert, und die Verbindung war schlecht. Außerdem hab ich ein neues Handy ... Heute ist doch Donnerstag, der Zwölfte, oder?«

»Natürlich«, sagte er, machte einen Schritt in die Küche und nahm sich die letzte Flasche aus dem Schrank. »Sie kommt schon. Früher oder später ist sie da. Niemand hat so ein Gedächtnis. Der Türke ist übrigens ein Grieche, glaube ich. Sagt dauernd Endaxi. Aber der Döner ist trotzdem gut.«

Der Zeiger der Schuluhr rückte vor. Die Wasserspiegel in den Vasen und Töpfen fingen an zu zittern, das zunächst noch entfernte Sieden in der Luft wuchs an, ein Schatten huschte durch die Fenster, und dann flog eine weitere Maschine über das Dach, Alitalia. Sogar das Tischchen aus Blech vibrierte, und er schob die spitze, von seinem Blut braune Ecke des Spachtels unter den Kronkorken und hebelte ihn hoch, als Mina zur Wohnungstür ging. »Ihre Schuhe sind hier«, rief er. »Oder wollen Sie barfuß ...?«

»Aber klar. Es ist doch warm.«

Dann fiel die Tür ins Schloß, und er trank einen Schluck, blickte in den Garten. Der Schwiegersohn des Vermieters kroch über den Rasen und haschte nach seinem Kind. Doch es versteckte sich hinter den Dahlien, und als der Vater sich näherte, knurrend wie ein Märchenwolf, drehte es die Mütze so, daß der Nackenschutz vorm Gesicht hing.

Nick öffnete die Kammer, die Abseite in der Schräge, und zog einen Papiersack zwischen den Päckchen und wattierten Umschlägen hervor. Er schüttete etwas Gips in einen Napf, goß Regenwasser darüber und trug ihn ins Bad, wo er begann, den Staub aus den Dübellöchern zu pusten, die er noch verspachteln mußte. Doch der Brei war fast flüssig, und er stellte ihn in die Sonne, damit er nachbinden konnte.

Inzwischen warf er ein paar Bücher und Lehrbücher in herumstehende Kisten, klebte sie zu und ging noch einmal auf die Terrasse, bückte sich nach den Schuhen. Es waren schmale, vorn abgerundete Pumps mit Riemchen über dem Spann und Absätzen, wie sie Tänzerinnen tragen, hart und stark. Er hauchte sie an und fuhr mit dem Ärmel darüber. Dann öffnete er die Wohnungstür einen Spalt und stellte sie in den Flur, auf die fast neue Matte; das Preisschild klebte noch am Rand.

Er schob den Riegel vor und klemmte den Filter seiner Zigarette zwischen Klöppel und Klingelschale. Die Elster hatte sich an den Giebel der Schule gekrallt, stocherte mit dem Schnabel hinter den Ziffern herum, und er nahm das leere Glas vom Tisch, putzte den Lippenstift ab und wickelte es wieder in das Papier, die alte, immer noch ausgewölbte Zeitung. Die sich ganz leicht um die Form schloß.

Stolz des Ostens

Er stand schon wieder da. Ich entdeckte den hellen Schopf am Rand des Gartens, hinter Johannisbeerbüschen, und stieß Bernd mit dem Fuß an. Doch der sah nicht auf von seiner Zeitung, nickte nur, und ich drehte die Thermoskanne auf und goß ihm Kaffee ein. Die Tassen sahen so schrecklich aus, daß man sie fast schön finden konnte, ein Muster aus Pferdeköpfen. Der Zuckerstreuer war aus Plastik und das Besteck reines Blech. Irgend etwas knackte hinter den Obstbäumen, wo das Wohnmobil stand, und dann lief der blonde Maulwurf, wie Bernd ihn nannte, durch den Hohlweg zum See. Er trug Shorts und ein ärmelloses Unterhemd und schlug mit einem Stock auf die Büsche ein.

»Ich möchte nicht wissen, wo der überall herumschnüffelt, wenn wir im Wald sind«, sagte ich. »Und die Kellertür steht auch dauernd offen. Hörst du mir zu? Das finde ich einfach nicht richtig. Wie soll ich mich da entspannen? Sie hätte uns etwas sagen müssen!«

Bernd blickte auf. »Nun komm! Es ist doch hübsch hier, oder? Ein Haus am See zu dem Preis – wo kriegst du das in der Saison. Und der Junge, mein Gott ... Er langweilt sich halt. Wir nehmen ihn mal mit in die Stadt, zu McDonald's; danach sind wir die besten Freunde. Wie heißt er noch gleich?«

»Tobias«, sagte ich. »Aber ich glaube, du verstehst mich nicht. In diesen Räumen habe ich dauernd das Gefühl, zu stören. Nichts ist wirklich für mich bestimmt. Jeder Fleck, den ich verursache, jede neue Kerbe im Hackbrett bereitet mir ein schlechtes Gewissen. Und das Mißtrauen ist mit den Händen zu greifen. Diese abgeschlossenen Schränke überall ... Und läßt sich mal einer öffnen, sind die Inhalte mit Laken abgedeckt oder in Plastik verpackt, als wären wir infektiös. Ich will so nicht leben. Das ist kein normales Ferienhaus!«

Das Baby fing an zu weinen, leise noch, und Bernd steckte sich eine Zigarette an. »Jetzt hör schon auf mit dem Quatsch. Du kannst kochen und fernsehen, die Betten sind bequem, und was verschlossen ist, geht dich nichts an, fertig. Außerdem fahren wir jetzt nicht einfach weg. Wir haben drei Wochen gebucht, und die Frau rechnet mit dem Geld.«

»Ach ja?« Ich spürte, wie sich meine Oberlippe spannte; die Stimme wurde dünn. »Schön, daß du dir Sorgen um die Vermieterin machst. Ob sich deine Familie wohl fühlt, ist auch nicht so wichtig.« Dann nahm ich Sabrina aus der Tragetasche. Sie hatte zwar im Schatten gelegen, doch ihr Gesicht war gerötet, und ich knöpfte meine Bluse auf.

»Letzte Nacht, als ich ins Bad ging, schlich er über unsere Terrasse und pickte Kippen aus dem Aschenbecher. Mir wäre fast das Herz stehengeblieben vor Schreck. Und gestern sitze ich an dem kleinen Tisch, einfach so, und träume durch das offene Fenster in den Garten, da steht dieser Kobold plötzlich vor mir, im Indianerkostüm: Sie können den Computer nicht benutzen. Kein Hallo, kein Guten Tag – schöne Erziehung. Wieso, antworte ich, das wollte ich auch nicht. Und er, als hätte ich gar nichts gesagt: Sie können den Computer nicht benutzen. Ich hab das Modem im Zelt. – Dieses kleine Arschloch!«

Bernd grinste. »Na ja, wir sind eben Fremde. Du würdest auch auf dein Wedgewood achten ... Vielleicht sollten wir ihn ab und zu ein bißchen surfen lassen. Tagsüber brauchen wir das Zimmer doch kaum, oder? Nur zum Wickeln.«

»Na prima. Und seine Mutter kann inzwischen bei uns baden, oder was?«

Bernds Miene wurde starr, und ich fand mich selbst unmöglich, biß mir innen auf die Lippe. Aber es war zu spät. Ich sah es an den senkrechten Falten über seiner Nase. Er warf die Zeitung auf den freien Stuhl und schob die Tasse von sich, mit einem Ruck. Vermutlich hatte er nicht bemerkt, daß sie schon wieder gefüllt war; der Kaffee schwappte auf das Tischtuch, und er starrte mich an, als hätte ich ihn getreten.

»Ach Gott, tut mir leid«, sagte ich. »Das wollte ich nicht. Wirklich nicht. Hol dir die Küchenrolle, ja?«

Doch er blieb ganz ruhig sitzen. Als wäre nichts passiert, nahm er sein Frühstücksbrett und kippte die Krumen auf die Terrasse. Sofort flogen ein paar Spatzen herbei, eine Blaumeise auch. Sie lauerten im Gestrüpp.

»Warum war da Kaffee in meiner Tasse?«

Ich schloß kurz die Augen, die plötzlich feucht wurden; ich konnte nichts dagegen machen. Das war so seit der Entbindung, seit ich diese Tabletten nahm. »Na, weil ich dir welchen eingegossen hab, Schatz.«

Er stieß etwas Luft durch die Nase. »Wieso? Hab ich darum gebeten? Ich wollte keinen.«

»Entschuldige. Wie soll ich das wissen? Du trinkst doch sonst immer drei.«

Langsam schüttelte er den Kopf. Er verschränkte die Arme vor der Brust, schob die Hände unter die Achseln, und die jähe Blässe in seinem Gesicht machte mir angst. »Ich wollte keinen«, beharrte er, ohne die Zähne auseinander zu nehmen. »Wenn mir nach Kaffee gewesen wäre ...« Die Wangenknochen zuckten, und seine Augen wurden schmal. »... dann hätte ich ihn mir genommen! Verstehst du das?«

Ich sagte nichts. Ich hielt das Baby fest und starrte auf die weiße, an den Rändern geklöppelte Decke, auf den Fleck, der langsam größer wurde. Das Muster der Kunststoffplatte darunter erschien, zerschrammte Blumen.

»Ich frage, ob du das verstehst!«

Während sie trank, umklammerte Sabrina meinen kleinen Finger, und ich nickte. Tränen tropften mir vom Kinn.

Sie ging mir echt auf die Nerven. Kaum kletterte ich mal in die Bäume, um die Pflaumen zu probieren, schon sah sie mich an, als wäre ich ein Dieb. Dabei ist das unser Garten. Glubschauge nannte ich sie. Erst hatte ich an Klappergestell gedacht, doch dann fand ich Glubschauge besser. Mama hatte mir das verboten, aber wenn ich allein war, nannte ich sie trotzdem so.

Die beiden kamen aus Berlin, aus dem Westen, und der Mann fuhr einen neuen BMW und war ziemlich sportlich. Er hatte sich Hanteln mitgebracht, trainierte im Garten, und als er mal im Wald war, hab ich eine angehoben. Meine Fresse, man brauchte echt Kraft. Dann versuchte ich es mit beiden, wie er, ein Furz fuhr mir raus, die Arme fingen an zu zittern – da guckt seine Frau aus dem Fenster und sagt: »Die sind nicht zum Spielen, Junge. Paß auf, daß du dich nicht verletzt.«

Blöde Tussi. Sie hatte immer rote Augenlider, als würde sie gleich losheulen, und die hellen Haare waren dünn wie dieses Spinnenzeug. Am Anfang dachte ich noch: Okay, die bleiben ja nicht ewig. Aber dann, nach drei Tagen, zog sie aus Mamas Zimmer aus und schlief in meinem! Ich dachte, ich guck nicht richtig, als ich das offene Fenster sehe. Mein Bett zerwühlt, Windeln auf dem Schreibtisch, Puder, Öl, was weiß ich. Auf dem Boden lag eine Strumpfhose, und am Stuhl hing so ein BH! Ekelhaft.

Da lief ich durch den Garten in das Wohnmobil und weckte meine Mutter. Es war schon Mittag, und sie wäre sowieso gleich aufgestanden; sie hatte Spätdienst. Aus ihren Ohren ragten diese gelben Stöpsel, und vorsichtig zog ich einen raus und warf ihn in ein Wasserglas. »Seit wann schläft die Kuh in meinem Zimmer?«

Mama gähnte. »Wer?« Sie roch nicht besonders frisch aus dem Mund; für sie war es ja Morgen. »Tut sie das? Na ja, warum nicht. Sie haben das ganze Haus gemietet; sie könnten in der Badewanne schlafen. Vielleicht schnarcht er. Oder das Baby wird nachts immer wach, und sie will ihn nicht stören. Das geht uns nichts an, mein Süßer. Komm her.«

44

Doch ich blieb stehen. »Das war nicht abgemacht. Mein Zimmer gehört mir. Sie wühlt vielleicht in meinem Schrank, und nachher find ich nichts mehr. Der Tisch war schon voller Babysachen. Auf der Tastatur lag ein Schnuller, und dann hing da so ein . . . Dings.«

Sie räkelte sich, trat die Decke weg. »Was denn? Ein Schlüpfer?«

Ich grinste. »Nein. Aber so ein BH, mit Spitzen. Sie ist eine Schlampe; er war voller Flecken.«

Mama setzte sich auf, griff nach meinem Handgelenk, und ich machte mich steif; doch sie war stärker, und als sie die Arme um mich legte, roch ich das Nikotin in ihrem Haar. »Red keinen Blödsinn, hörst du. Das sind saubere Leute, sonst hätte ich ihnen nichts vermietet. Und das auf der Wäsche, mein Kleiner, das war kein Dreck, sondern Milch.«

»Was? Wieso Milch? Kaffee haben sie verschüttet, das hab ich gesehen.«

»Es ist Milch, glaub mir. Muttermilch. Wenn du ein frisches Baby hast, tropft die schon mal raus.«

»Quatsch! Warum denn . . . War das bei dir auch so?«

»Und wie! Ich hatte genug für drei von deiner Sorte. Ich hab sie abgepumpt und den Katzen gegeben. Und immer mußte ich Blusen wechseln.«

Es wurde mir zu eng in der Umarmung. Ich stemmte beide Hände gegen ihre Schultern. »Aber wo hat sie denn die Milch? Sie ist doch nicht wie du. Sie ist ganz flach.«

»Oh, so genau schaust du schon hin?« Sie gab mir einen Kuß auf die Wange, und ich wischte darüber; es kitzelte immer. Doch sie küßte noch mal, und endlich

45

ließ sie mich los. »Mach mir das Wasser heiß, ja? Und wenn ich mich gewaschen hab, fahren wir nach Templin, in die neue Pizzeria. Ich bin heut zu faul zum Kochen.«

Dann gab sie mir einen Klaps, und ich stieß meinen Geronimo-Schrei aus und sprang die Treppe hinunter, ins Vorzelt, wo unsere Sachen hingen, die Kleider und alles. Drehte mich draußen aber noch mal um. »Wie lange bleiben sie denn jetzt?«

Meine Mutter fuhr sich mit beiden Händen durch die Haare. Sie waren frisch getönt und glänzten schwarz, und wenn sie ihren Kittel mit der Brosche trug und sich die Lippen schminkte, sah sie ziemlich gut aus. Aber sie wollte keinen Mann mehr; ich war ihr Geliebter. »Wieso, wie lange? Zweieinhalb Wochen, das habe ich dir doch gesagt.«

»Und danach können wir wieder in unsere Zimmer?«

Sie kratzte sich den Rücken und starrte mich so komisch an, wie ein böses Stofftier. »Nein, dann versenk ich dich im See, du Quälgeist. Los, stell gefälligst den Boiler an!«

Ich nickte zwar, doch erst ging ich zu meinem Zelt. Es stand auf der anderen Seite des Gartens, so ein billiges Teil aus dem Baumarkt, aber okay. Von den Leuten war nichts zu sehen hinter den Sträuchern, und ich steckte mir eine Gedrehte an und trabte durch den Hohlweg zur Kellertür, zupfte ein paar Schnecken von der Treppe.

In der Waschküche hatte uns Onkel Willi, der Klempner-Willi, eine Dusche eingebaut, und im Heizungsraum war das provisorische Klo. Eigentlich hockte ich ganz gern da unten, zwischen dem Brenner und den dicken Rohren, man hatte seine Ruhe. Aber jetzt störte es mich doch, daß man die Stahltür nicht abschließen konnte. Außerdem saß man genau vor einem Fenster aus Glasbausteinen, und wenn jemand in Mamas Garage gehen würde, könnte er mich scheißen sehen. Aber nur so verzerrt. Ich zog an der Kippe und saß ganz still. Im Haus war nichts zu hören, auch nicht das Baby. Nur aus dem Garten kam dieses Klicken von den Hantelscheiben, immer wieder. Ich hab noch einen anderen Onkel Willi, aber der ist krank.

Die Frau setzte sich nur auf die Kante des Stuhls, wollte nicht stören. Das gefiel mir. Sie schien sogar ein bißchen nervös zu sein, spielte mit ihrem Schlüsselanhänger, einem kleinen Fisch aus Silber, und beugte sich über das Kind. »Ach Gott, ja ... So sorglos möchte man auch mal wieder schlafen.« Das Haar im Nacken aufgesteckt, trug sie ein luftiges Schultertuch, das sie vor der Brust zusammenhielt. Durch die Maschen sah man das rote Kreuz, und sie lächelte mich an. »Fühlen Sie sich wohl? Ich meine, fehlt was im Haus, oder kann ich etwas tun?«
Ich bedankte mich. »Alles bestens. Ich hätte wirklich mit mehr Mücken gerechnet. Wie lange haben Sie denn Nachtdienst?«
»Nur noch heute, zum Glück. Ab Montag dann wieder früh.«
»Ganz schön hart, oder? Diese Wechsel immer ...«
»Ach, man gewöhnt sich.« Sie wies mit einer Kopfbe-

wegung auf ihren Jungen, der am Terrassenrand saß. Er kehrte uns den Rücken zu und schnitzte an einem Stock. »Die Brut muß ja gefüttert werden. Waren Sie denn schon im Wasser?«

Ich schüttelte den Kopf. »Es ist tief hier, sagt mein Mann, und im Gegensatz zu ihm schwimme ich schlecht. Ich muß Boden unter den Füßen haben.«

Sie langte hinter sich und steckte noch einmal die Haare fest. Dabei verrutschte das Tuch. 80 B, schätzte ich, vielleicht auch 75 C. »Tief ist es, das stimmt. Aber es gibt keine Unterströmung. Ertrunken ist noch niemand. Schwimmen Sie einfach am Ufer entlang.«

Irgendwo schlug eine Tür, und Bernd kam aus dem Haus. Er hielt ein Taschenbuch in der Linken, den Zeigefinger zwischen den Seiten, und ich fand, er roch ein wenig nach Schweiß. Vielleicht waren es aber auch die neuen Schuhe, dieses seltsame Material. »Hallo«, sagte er. »Guten Abend! Schon wieder auf Schicht?«

Als er ihr die Hand gab, blieb sie sitzen, wie eine Dame. Dann blickte er sich nach dem Jungen um. »Hey, Thomas!«

»Tobias«, sagte ich rasch, und seine Mutter schmunzelte. Bernd faßte sich an den Kopf. Er trug das Basecap mit dem Stern.

»Natürlich! Entschuldigung. Ich kann Namen einfach nicht behalten, Namen und Zahlen, es ist verhext. Was glauben Sie, wie oft ich meine Gattin Julia nenne.«

Er strich mir über die Haare; der alte blöde Witz. »Ich *heiße* Julia«, sagte ich, und Frau Rupprath, als hätte sie sich das gedacht, schloß einmal kurz die Augen. Mit dem Schlüssel zeigte sie auf das Buch.

»Gefällt es Ihnen?«

Ich neigte den Kopf, konnte den Titel aber nicht lesen. Jedenfalls war es etwas von Erwin Strittmatter, und Bernd ließ sich auf den Plastikstuhl fallen. »Ja, nicht schlecht. Amüsant. Es stand im Regal. Sie haben doch nichts dagegen?«

Sie hob eine Hand. Die Nägel waren nicht lackiert, obwohl es zu ihr gepaßt hätte. »Um Gottes willen! Bedienen Sie sich. Diese ganzen Schwarten sind noch von meinem Vater. Der kannte den alten Strittmatter, das heißt, er hat ihm mal geschrieben, war ja auch ein Pferdenarr. Und der große Dichter hat sogar geantwortet. Ich erinnere mich genau, er hatte eine Kugelkopf-Maschine mit Schreibschrift; so was gabs eigentlich gar nicht in der DDR. Und da stand dann, nach ein paar freundlichen Zeilen: Adieu. Und nehmen Sie dies wenige für mehr. – Das fand ich wunderschön. Habs mir sogar abgeschrieben damals.«

Bernd kratzte sich das Kinn. Die Stoppeln knisterten leise, und ich sagte: »Frau Rupprath wollte eigentlich nur wissen, ob wir was brauchen. Geschirrtücher hat sie gebracht. Fällt dir sonst noch was ein?«

Er zog die Mundwinkel herab, schien zu überlegen. »Keine Ahnung. Mir fehlt nichts.« Dann schnippte er mit den Fingern. »Oder vielleicht doch! Ich meine, wenn wir schon eine Krankenschwester im Haus haben...« Er streifte den rechten Laufschuh ab und hob das Bein, zeigte auf den Knöchel. »Ich hatte einen Sportunfall in Berlin. Nichts Schlimmes, nur umgeknickt, ist auch längst wieder okay. Aber diese Wälder mit den zerwühlten Reitwegen sind doch tückisch für uns Asphalttreter, jedenfalls beim Joggen. Hätten Sie vielleicht eine elastische Binde?«

Sie beugte sich vor, runzelte die Stirn, und erst jetzt fiel mir auf, daß ihre Lippen geschminkt waren, sehr dezent. »Ist noch leicht geschwollen, oder?« Sie tippte mit dem Daumen dagegen. »Wollen Sie das nicht mal röntgen lassen?«

»Ach was! Ich kenn das schon. Ein bißchen Salbe, Arnika oder was, ein straffer Verband – fertig.«

»Tja, wenn Sie meinen ... Im Haus hab ich nichts; ich bring was aus der Klinik mit. Das hätten Sie aber erst morgen früh.«

Bernd nickte, und die Frau sah auf das Baby hinunter, auf die Händchen, die verträumt ins Leere griffen. Sie ließ den silbernen Anhänger pendeln, diesen Fisch, und seufzte leise, und ich überlegte, ob man ihr etwas anbieten müßte. Aber das kam mir doch unpassend vor, schließlich saßen wir vor ihrem Haus, auf ihrer Terrasse, und auf dem Tisch stand ihre Kanne mit Tee. Vielleicht wollte sie ja auch schon Geld, dachte ich und wies in den Garten. »Jetzt sind die Pflaumen bald reif, oder? Da werden wir Spaß mit den Wespen kriegen.«

»Ach wo.« Sie stand auf und zog sich den Kittel straff. Er war ein bißchen kurz, doch sie konnte das tragen. Starke Beine. »Wir hängen Zuckerflaschen an die Äste. Ein guter Trick, hab ich noch von meinem Mann.«

»Und was machen Sie mit dem ganzen Obst?« fragte Bernd und schob sich die Mütze aus der Stirn. »Verkaufen?«

»Schön wärs. Das will doch keiner mehr heutzutage.

Die Nachbarn nehmen sich, was sie brauchen, und den Rest kriegen die Vögel. Früher war das anders. Da konnten wir dankbar sein für jede Frucht. Hier standen ja Russenkasernen. Überall Sperrbezirke und Übungsgelände; der Wald ist noch voller Granaten. Ich meine, wir gehen trotzdem in die Pilze, aber halten Sie sich lieber auf dem Weg ... Na, und die armen Soldaten damals, alles junge Kerle, die hatten eigentlich immer Hunger. Manchmal sind sie einfach ein paar Tage lang vergessen worden in den Gräben und mußten sehen, wie sie zurechtkamen. Das war eine Zeit! Sogar die Zuckersäfte mit den Wespen haben sie gesoffen.«

Sie atmete tief. »Aber was solls, zum Glück vorbei. Es freut mich jedenfalls, daß es Ihnen hier gefällt. Vielleicht kommen Sie ja mal wieder.«

»Bestimmt«, sagte ich. »Man erholt sich doch gut. Sogar das Baby schläft ruhiger. Wohnt Ihr Mann eigentlich auch hier?«

Bernd hob eine Braue, und sie lächelte kühl und zog sich das Wolltuch fester um die Schultern. »Nicht mehr. Aber das ist eine andere Geschichte.«

Dann beulte sie die Wange mit der Zunge aus, schnalzte leise und sagte mit einem Blick ins Wohnzimmer, wo noch das Bügelbrett stand: »Gehen Sie ruhig mal schwimmen. Das Wasser ist herrlich um diese Jahreszeit, wie Seide. Tobi zeigt Ihnen flache Stellen. – Stimmts?«

Sie drehte sich nach ihm um, doch der Kleine antwortete nicht. Er schleuderte den Speer ins Gebüsch, wischte sein Messer an der Hose ab und ging davon.

Es wurde schon dämmerig unter den Bäumen, und ich bin mir nicht sicher, aber ich glaube, er spuckte ins Gras. »So ein Blödling«, murmelte seine Mutter und schüttelte den Kopf; doch dabei lächelte sie, und ihre Augen waren voller Liebe.

Am nächsten Morgen stellte ich den Boiler an und verkrümelte mich in den Wald. Ich räumte in meiner Baumhütte auf und machte mir eine Strickleiter, mit der man direkt ins Wasser kam. Die Suhle stank bestialisch. Wahrscheinlich hatte der Förster wieder Ammoniak hineingekippt; Wildschweine mögen das. Ich sah sogar den Abdruck einer Schnauze im Schlamm, mit Zahn.

Später lief ich über die Felder nach Annenwalde, aufs Gestüt, doch es war leer; alle Traber in Berlin, bei dem großen Rennen. Schwalben flogen durch die zerbrochenen Fenster zu ihren Nestern über den Boxen und streiften fast meine Haare. Es gab einen neuen Zuchthengst, ein Riesenvieh, und als er sich nach mir umdrehte, mußte ich doch schlucken und trat einen Schritt zurück. Ein komischer Name stand auf dem Schild an der Wand. Aber vielleicht war es gar kein Name.

Dann sah ich Herrn Bollandt, unserem Küster, beim Reinigen der Bienenstöcke zu. Ich finde seine weißen Haare gut, sie glänzen wie das Innere von Muscheln. Zwanzig der sechsunddreißig Völker waren tot, seit Monaten schon; erst hatten sie Milben von importierten Bienen aus Asien, und dann konnten sie nicht aus den Stöcken, weil es so lange frostig war. »Sie sind an ihrer eigenen Scheiße erstickt«, sagte er und fegte die Reste einfach in die Schubkarre. Überall schwirrten Flügel herum.

Als ich am Nachmittag zum Wohnmobil kam, um die Angeln zu holen, hörte ich meine Mutter lachen. Ihr kleines Radio lief, und sie sprach mit irgendwem, wahrscheinlich einem Mann. Ich kann das hören. Dann hat sie immer eine andere Stimme, wie am Sonntag, oder wenn es gerade Geld gegeben hat. Ich pirschte mich durch den Farn heran und sah unseren Mieter im Vorzelt. Er trug ein Sporthemd mit Streifen und rauchte eine Zigarette, und ich wollte mich schon verdrücken. Doch Mama, die auf dem Treppchen hockte, hatte mich entdeckt. »Da ist er ja! Komm her, Graf Rotz, sag guten Tag!«

Sie hatte noch ihren Bademantel an, und ich stellte mich in den Eingang, verschränkte die Arme vor der Brust. Der Mann saß in meinem Campingstuhl. Ein Hosenbein hochgekrempelt, hatte er den geschwollenen Fuß auf ihre Knie gelegt, und sie massierte ihm eine Salbe ins Gelenk, gelbes Zeug. »Hast du was gegessen?«

Zwei Tüten Chips hatte ich mir im Dorf gekauft, schüttelte aber den Kopf. Sie sollte kochen. Der Mann rauchte eine von Mamas Zigaretten, ich erkannte den Filter. Seine Arme glänzten ein bißchen, wahrscheinlich vom Sonnenöl, und er nickte mir zu und wies mit dem Daumen auf das Mobil. »Ein tolles Ding. Wo seid ihr denn damit schon gewesen?«

Bluebird hieß es, und ich strich mir ein paar Haare aus

der Stirn. »Nirgendwo. Es ist nur geliehen, von meinem Onkel Willi. Der braucht es diesen Sommer nicht. Er hatte einen Schlaganfall.«

Mama grinste. »Kurz und bündig, wie immer.« Die Salbe schmatzte leise und quoll zwischen ihren Fingern hervor; die Nägel waren neu lackiert. »Was hast du getrieben den ganzen Tag?«

Ich machte eine Handbewegung Richtung Wald und sah den Mann an. Er rauchte überhaupt nicht auf Lunge, und die Haare in seiner Nase erinnerten mich an Bienenbeine. Doch er trug eine Funkuhr, ziemlich dick. »Wenn Sie einen BMW fahren und leben in Berlin, warum haben Sie dann nicht B-MW als Kennzeichen?«

Der Campingtisch wackelte ein bißchen, als er die Zigarette ausdrückte. Die Muskeln an dem Oberarm zuckten. »Stimmt. Das ist ein Gedanke. Hab ich mir noch gar nicht überlegt. Fändest du das gut?«

Ich nickte, doch Mama grunzte so komisch. »Quatsch! Das ist doch vulgär, oder?« Sie schraubte die Tube zu, warf sie ins Gras. »So was machen nur Türken und Zuhälter.«

»Na und?« Der Mann beugte sich vor. »Vielleicht bin ich ja einer.« Mit dem Handrücken tupfte er etwas Salbe von ihrem Knie, und sie riß die Augen auf, öffnete den Mund. Aber es wirkte gespielt. Ich merke immer, wenn sie sich verstellt.

»Was jetzt?« sagte sie, und dann lachten beide, und sie drehte sich um und nahm ihre Tasche vom Regal. Dabei verrutschte der Morgenrock ein bißchen, man sah schon den Rand der Brustwarze, und sie kramte eine elastische Binde zwischen ihrem Schminkzeug hervor und fing an, den Fuß zu umwickeln. Ein hautfarbener Stoff.

»Hm!« machte der Mann und legte den Kopf in den Nacken. »Es geht doch nichts über die Hände einer Fachkraft.«

Ich stieg auf einen Hocker und zog meine Angeln aus der Halterung unter dem First. Er wollte mir wohl helfen; jedenfalls nahm er mir die Spindel ab und musterte sie, als hätte er Ahnung vom Fischen. Dabei wußte er nicht mal, wo die Sperre war. »Man hats wirklich gut hier«, sagte er und drehte an der Olive. »Schade nur, daß der Urlaub immer so schnell vorbei ist.« Er zwinkerte mir zu. »Aber für dich ist es wahrscheinlich eine Erlösung, was? Ich meine, wenn wir weg sind … Dann kannst du endlich wieder in dein Zimmer.«

Ich nickte, und meine Mutter hob seinen Fuß an, das heißt, sie zog ihn an der großen Zehe ein Stück hoch, wie ein Karnickel an den Ohren. »Immer langsam! Erstens bleiben Sie ja noch ein Weilchen. Und dann kommt nach Ihnen gleich eine andere Familie, eine vierköpfige sogar. Da muß ich noch ein Bett aufstellen.«

Ich sprang vom Hocker. Fast wäre ich auf die Tube getreten. »Wie bitte?! Wer kommt denn noch?«

Sie blickte nicht auf. »Bist du taub, oder was? Ich sagte doch gerade, eine Familie. Nette Leute aus Salzgitter. Zwei Wochen.«

Ich schmiß die Angeln auf den Boden, und zwar mit Wucht; an einer brach die Öse für die Schnur. Ich schrie ganz schön. »Davon hast du nichts gesagt! Das ist nicht fair. Du hast mir versprochen, wenn die hier weg sind …«

»He, he! Ein bißchen mehr Respekt vor unseren Gästen, klar?! Ich weiß es selbst erst seit heute, da liegt der Brief. Und jetzt mach gefälligst kein Theater. Du willst einen Scanner, oder wie das heißt, du willst ein Geländerad und einen Jagdhund, und das Geld dafür wächst am Baum, oder was?«

Ich sagte nichts, bückte mich nach den Ruten. Ausgerechnet die neue war kaputt, und plötzlich liefen mir die Tränen schneller aus den Augen, als ich sie wegwischen konnte. Meine Mutter schloß den Verband mit einer Klammer. Dann lächelte sie mich an.

»Na was, jetzt übertreibs mal nicht. Ist doch schön, wenn man neue Leute kennenlernt. Außerdem ist ein Junge in deinem Alter dabei, da hast du einen Indianerfreund.«

Ich wischte mir mit dem Arm übers Gesicht. Der Mann nahm den Fuß von ihrem Knie, bewegte die Zehen, und wieder drehte sie sich um. Doch jetzt hielt sie den Stoff zusammen. Sie langte unter den Wagen und zog meine Angelbox hervor, den Nähkasten von Oma Mia. »Komm, fang uns was Feines zum Abendbrot, ja? Einer muß mich doch ernähren.«

Sie selbst hatte ihn mit Blumen bemalt, als Kind, und ich nahm ihn ihr ab und ging hinaus. Schmadder lief mir aus der Nase. Hinter mir hörte ich das Feuerzeug klicken und daß sie etwas sagte zu dem Mann, doch ich konnte es nicht verstehen. Ich rutschte die Böschung runter, und meine Wut war wie damals, als ich beim alten Bollandt Nüsse geklaut hatte. Ich kriegte Saures, und von meinem Taschengeld mußte ich neue kaufen, eine große Tüte. Doch der Küster hatte gar nichts gemerkt von dem Diebstahl und wollte sie nicht. Er lachte nur und schloß die Tür, und da stieg ich in seinen Baum und verteilte sie in den Astgabeln und so. Und Mama kommt vorbei und denkt, ich klau schon wieder, und gibt mir noch mal Dresche. Vor lauter Tränen konnte ich nichts erklären.

Ich setzte mich auf den Steg, schob die Ruten zusammen und steckte sie in die Löcher. Es war wohl kurz vor Vollmond, die Gründlinge sprangen wie verrückt, aber Hechte schwammen an so einem Nachmittag voll Sonne noch im Tieferen herum, und ich knüpfte Federn an die Haken und hängte sie schon mal ins Wasser. Dann kramte ich in meiner Kiste. Fußballerbilder von Hansa waren darin, ein kleiner Bergkristall und ein Hufeisen aus Aluminium. Doch keine Plomben.

Ich hatte mir am Vortag neue gegossen, auf dem Campingkocher, und sie in die Blechdose getan. Es war so eine rot-weiß gestreifte für Cola-Schokolade, und es machte mich fuchsig, daß ich wieder die Böschung hochmußte. Sie ist steil, und obwohl ich mich an den Zweigen hinaufzog, kam ich ziemlich außer Atem; ich keuchte wie Onkel Willi. In Wahrheit hatte er einen Gehirntumor, und vielleicht kriegen wir bald das Wohnmobil.

Im Vorzelt war niemand mehr; im Aschenbecher qualmte eine Kippe, und ich machte einen Zug und blickte mich um, konnte die Dose aber nirgends sehen. Die Schuhe meiner Mutter standen auf einem Brett neben der Treppe, eine kleine Reihe aus Pumps und Clogs und Gummistiefeln, und vor dem Stuhl lagen noch die des Berliners. Ziemlich neue Sneakers mit Neonstreifen und Luftpolsterung, und weil ich gerade barfuß war, schlüpfte ich mal hinein. Sie kamen schon geil, waren mir aber viel zu groß, Kindersärge, und als ich so an mir runterguckte, entdeckte ich Bienenflügel an meinen Shorts, unzählige, und klopfte sie ab. Sie glitzerten wie durchsichtiges Silber, und dann hörte ich Mamas Stimme hinter der Tür, ziemlich leise, und hielt den Atem an. Es klang wie manchmal, wenn sie badet. Wenn sie ins warme Wasser rutscht.

Ich trug die Kleine im Brusttuch durch die Allee. Der Ort war wie aus einer anderen Zeit; kein Asphalt auf den Straßen, nur krummes Pflaster, wenn überhaupt, und uralte Bäume. »Hier Frühstücksversorgung« stand auf einem verwitterten Schild neben der Gasthaustür, die geschlossen war, und an dem kleinen Laden mußte man klingeln. Eine Frau in Holzschuhen kam aus einem Hühnergehege, und ich fragte sie nach frischen Eiern. Doch sie schüttelte den Kopf. Sie habe zwar welche, könne sie aber nicht verkaufen, das sei verboten. Sie gab mir ein Zwölferpack gestempelter, und als ich fragte, woher denn die seien, sagte sie: »Von Aldi.«

Das Gestüt sah aus wie evakuiert. Es war sehr groß, mit einer runden Laufkoppel in der Mitte des Hofes, und vor einem efeubewachsenen Wohnhaus gab es sogar einen Springbrunnen; doch nirgendwo sah ich einen Menschen. Schwalben flogen durch die offenen Türen und Fenster der Ställe, und als ich einen betrat, verstummten ihre Jungen in den Nestern.

Fast alle Boxen, hoch vergittert, waren leer. Nur in einer stand ein Pferd und fraß Heu aus einer Raufe an der Wand. In der Stille hörte ich die malmenden Kiefer und atmete ihn tief ein, den Geruch des schwarzbraunen Fells. Dann trat ich näher und blickte über die brusthohe Holztür mit der angenagten Kante, um zu erkennen, ob es ein Hengst oder eine Stute war. Schweif und Mähne sahen aus wie gestrählt, die Hufe glänzten, an den Flanken zeichneten sich starke Adern ab, und plötzlich klirrte eine Kette, und das Tier drehte den Kopf, schnaubend. Die Nüstern vibrierten. Es war ein Hengst – bei Gott, und was für einer. Stolz des Ostens, stand über der Box, und in seinem schwarzen, mir zugewandten Auge sah ich das helle Stalltor gespiegelt und meine winzige Silhouette.

Die Lindenallee, durch die ich zurückging, bestand nur aus lockerem Sand, und ich hatte das Gefühl, überhaupt nicht vorwärts zu kommen. Mein Schweiß tropfte auf das Brusttuch, und während ich mich dem Haus näherte, fiel mir zum ersten Mal auf, wie zusammengestückelt es war; auf dem Dach lagen Ziegel in allen möglichen Farben, es gab drei oder vier verschiedene Sorten Putz, und jedes Fenster hatte eine andere Art Rahmen. Hinter einer Wand aus Glasbausteinen schien sich etwas zu bewegen; aber vielleicht war das auch nur mein Schatten.

Eine volle Plastiktüte in jeder Hand, schloß ich die Tür mit dem Knie und ging schnüffelnd durch den Flur. Auch im Wohnzimmer roch es nach Rauch, und kaum hatten sich meine Augen an das Zwielicht gewöhnt, sah ich den Jungen hinter der großen Pflanze, einem

Philodendron, und trat einen Schritt zurück. »Wie bist du denn hier reingekommen?«

Er zuckte mit den Achseln, wies auf die Terrassentür. Er hatte Grasflecken an den Knien, und seine Hände sahen schmutzig aus; doch das Haar schimmerte fast goldfarben. Eigentlich war er ganz hübsch.

Ich löste das Tuch und legte Sabrina in die Tragetasche. Sie schlief, hatte es den ganzen Weg über getan, und auf ihrer Nase glitzerten winzige Schweißperlen. Die Windel war trocken.

»Kommen Sie aus der Stadt?«

»Nein, aus dem Dorf. Ich *wollte* in die Stadt, aber es war zu heiß im Auto. Für das Baby, meine ich. Also, was ist? Kann ich etwas für dich tun?«

Ein Messer am Gürtel seiner kurzen Hose – die Scheide schien aus Horn zu sein –, trat er aus dem Schatten der Pflanze. Das Blau seiner Augen war heller als der Himmel in dem Fenster hinter ihm. »Wo ist denn Ihr Mann?«

»Keine Ahnung. Liegt er nicht im Garten? Dann joggt er wahrscheinlich, im Wald. Möchtest du an deinen Computer?«

»Nein, jetzt nicht. Aber ich wollte Ihnen doch die Stellen zeigen. Es gibt drei auf dieser Seite.«

Ich runzelte die Stirn, verstand ihn nicht gleich; ich brachte die Einkäufe in die Küche. Er öffnete mir die Kühlschranktür. »Flache Stellen! Zum Baden.«

»Ach so!« Ich sah auf die Uhr. »Na ja ... Jetzt? Weißt du, ich bin nicht unbedingt eine Wasserratte. Das können wir auch später tun. Ich brauch erst mal einen Kaffee.«

Er kratzte sich unter dem ärmellosen Hemd. Traurig und verärgert zugleich sah er aus, und ich dachte an seine Mutter, die ihm das vermutlich befohlen hatte nach dem gestrigen Abend, sozusagen als Strafe. Ich konnte mir gut vorstellen, daß sie auch mal zulangte, und riß eine Dose Ginger Ale auf. »Na, okay«, sagte ich. »Meinetwegen. Ist es weit?«

Er schüttelte den Kopf und lief auch schon ins Wohnzimmer, griff nach Sabrinas Tasche. Mit beiden Händen hob er sie vom Sofa, und ich mußte schmunzeln. »He! Das mach ich selbst. Warum denn so eilig?«

Doch er ließ sie nicht los. »Weil ich Angeln im Wasser hab«, murmelte er und starrte zu Boden. »Und es ist nicht schön, wenn die Fische anbeißen und lange leiden müssen. Mit dem Haken im Maul, das ist nicht schön.«

»Da hast du recht. Du bist ein feiner Kerl. Willst du Limonade?« Er verneinte, und ich trank einen großen Schluck; sie war nicht kühl genug und viel zu süß, die Kohlensäure brannte in der Nase. »Also dann!«

Ich nahm ihm die Kleine ab, klappte den Sonnenschutz auf, und schon lief er los. Er führte mich durch den verwilderten Teil des Gartens, bog Zweige und Äste zur Seite, und wieder fiel mir jener Satz von Strittmatter ein: Nehmen Sie dies wenige für mehr. Das hatte etwas Gelenkiges, ein Trost war darin, ich wußte nicht, wofür. Wahrscheinlich konnte man eine Menge aushalten damit, und ich betrachtete die Beine des Jungen, die Glätte der gebräunten Haut, den zarten Flaum im Nacken. »Wo ist eigentlich dein Vater?« fragte ich. »Sind die Eltern geschieden?«

Er riß einen Grashalm aus, kaute darauf herum. »Nein, nein. Er ist tot. Autounfall.«

»Oh, das tut mir leid.«

Wir duckten uns unter den Pflaumenbäumen. »Na ja, er war nur Mamas Mann. Arbeitete auf dem Gestüt. Mein richtiger Vater ist in Rußland, ein Soldat. Doch niemand weiß, wo er wohnt.« Er streckte einen Arm aus. »Da drüben ist eine Stelle, sehen Sie. Zwischen den beiden Kiefern. Sie müssen den Pfad runtergehen. Aber bei feuchtem Gras könnten Sie ausrutschen, und die Brombeersträucher sind ziemlich dicht. Mit dem Baby wird das nichts. Kommen Sie hier lang.«

Ich war noch nie bis zum Wohnmobil gegangen. Von der Terrasse aus konnte man nur die Antenne sehen, diese Schüssel, und ich wußte gar nicht, daß es ein Vorzelt hatte. Neugierig trat ich näher. Schränke aus Segeltuch standen darin, ein Tisch und zwei Stühle, und auf einer Kleiderstange hingen Pullis, Hosen und der Schwesternkittel. Zerschrammte Clogs darunter, Tennisschuhe und Konserven. Er zog mich weiter.

»Sie müssen um das Zelt herum, da ist noch ein Weg. Ich habe große Steine hingelegt, wie Treppen. Und wenn Sie unten sind, können Sie bis zu den Teichrosen schwimmen. Das ist die beste Stelle. Erst dahinter wirds tief.«

Vielleicht war es sein Flüstern, das mich unwillkürlich vorsichtiger auftreten ließ. Man hörte Hufschlag im Wald und roch das Wasser, das zwischen den Bäumen glänzte. Eigentlich mag ich keine Seen. Sie sind mir nicht geheuer. Das Meer in seiner Kraft, das hat etwas Ehrliches, Wahrhaftiges; Seen kommen mir heimtückisch vor. »Schläft deine Mutter noch?« fragte ich, ebenfalls flüsternd, und drehte mich um, hob eine Hand. Die Sonne blendete.

Überall dieses durchsichtige Zeug, das mir schon im Dorf aufgefallen war; es schwirrte durch die Luft bei der leisesten Brise und blieb an Haaren und Kleidern hängen, und ich wischte es von der Tasche. Der Junge war verschwunden. Nicht einmal seinen Schopf konnte ich irgendwo sehen, und noch einmal ging ich zum Vorzelt und blickte hinein.

Auf den Stufen zu der schmalen Tür ein Feuerzeug und ein Päckchen Zigaretten, im Gras der Gürtel eines Morgenmantels und irgendeine Creme, und dann entdeckte ich die Sportschuhe, die riesig aussahen neben den Clogs. Einer war umgekippt, eine Wespe krabbelte über den neongrünen Seitenstreifen, und ich weiß nicht mehr, was ich dachte. Ich fühlte meinen Puls in der Kehle und starrte auf den Schlüssel in der Tür des Wohnmobils, auf den silbernen Fisch, der sich leicht bewegte, immer wieder.

Er glitzerte im Licht, und mein Baby schlug die Augen auf und lächelte mich an.

Die Schatten der Seele

Ich hatte die Wohnung von Heike übernommen, einer Kollegin, und verglichen mit dem Loch im Wedding war sie ein Traum. Zwei helle Zimmer im vierten Stock, Vorderhaus, in einer nicht zu belebten Straße am Südstern. Zwar gab es nebenan eine Kneipe und die Teppichdomäne, vor der dauernd Lastwagen hielten, doch die Fenster gingen zum Hof, wo eine riesige Kastanie stand, und ich erinnere mich daran, daß mir die Tränen kamen, als ich zwischen meinen Kisten in der Sonne saß und dachte: Hier ziehst du nie mehr aus.

Ich hatte gerade mit meiner Magisterarbeit begonnen, ein bißchen spät, doch ich tröstete mich damit, daß ich vorher eine Lehre gemacht hatte und arbeiten mußte für mein Studium; ich war Buchhändlerin. Die Eltern konnten mir nur wenig geben, und selbst das wurde mir jetzt, kurz vor dem dreißigsten Geburtstag, zuviel. Ich wollte fertig werden.

Auch wenn das Haus ziemlich hellhörig war – irgend etwas knarrte und polterte immer, besonders über mir –, liebte ich die frühen Stunden am Arbeitstisch, wenn Krähen über die Dächer hüpften und der ganze Hinterhof nach Kaffee duftete. Der Baum war so mächtig, daß die unteren Wohnungen völlig im Schatten lagen, und bei Wind streiften Zweige und Blätter die

Fensterbleche, ein Geräusch, das mich an irgendein Märchen aus der Kindheit erinnerte ...

Doch Herr Hellmann, der Hauswart, machte ihm immer schnell ein Ende. Sogar die Blüten brach er ab. Ein gedrungener Fünfziger mit dichtem Grauhaar und einer versehrten linken Hand, lebte er mit seinem Freund direkt über dem Hoftor im ersten Stock, und als ich an jenem Sonntag in den Keller ging, um einen Karton voller Fotokopien zu verstauen, stand er in der Wohnungstür und stocherte in seinen Zähnen. »Moment, schöne Frau! Ich hab was für Sie. Kommen Sie mal rein.«

Er trat zurück, und ich erschrak beim ersten Schritt in den Flur, hielt mich an der Garderobe fest. »Tja, wird langsam bißchen instabil«, sagte er. »Jetzt liegen schon vier Teppichböden übereinander. Aber die Leute ziehen weg und lassen die gute Ware hier; wer schmeißt'n so was auf den Müll. Und unsere Dielen knarren auch nicht mehr. Stimmts, Emil?«

Herr Kaspar, gut zehn Jahre älter als er und ein Hüne, saß unter einer Fototapete, einem Strand, und blätterte in der BZ. »Nee«, sagte er; seine Stimme klang seltsam gepreßt, als steckte ihm etwas in der Kehle. Er wurde beim Sprechen immer rot. »Ich bleib bei Bier.«

Der Fernseher lief sehr laut, und Hellmann winkte ab. »Na, guten Morgen, du taube Nuß. Lies mal dein Revolverblatt.« Er kramte in einer Zigarrenkiste und reichte mir einen Durchsteckschlüssel, nagelneu. »Für Ihren Schatz. Dann brauchen Sie nicht mehr runter nachts. Wie geht es ihm denn?«

Ich bedankte mich. »Besser. Wenn er arbeiten kann,

gehts ihm immer gut. Er nimmt eine CD auf, in Amsterdam.«

»Donnerwetter. Und dieses Husten oder Keuchen oder was das war? Klang ja zum Fürchten.«

Ich zuckte mit den Achseln. »Keine Ahnung, er läßt sich doch nicht untersuchen. Angeblich hat er es nur bei mir. Ich meine, ich fühl mich gut in meiner Wohnung, aber er ist wohl allergisch – weiß der Geier, wogegen. Ich hab noch nie so viel geputzt wie in den letzten Wochen.«

»Na, die sind dünnhäutig, diese Künstler. Vielleicht haben Sie ja Schimmel. Ist schließlich 'ne alte Kiste; die hätte man besser ganz runtergebombt nach dem Krieg, statt sie so billig wieder aufzugipsen. Bei uns wackeln die Wände, wenn der nebenan seine Gewichte stemmt, und manchmal riecht es im Klo ... Unglaublich!«

Er rieb sich die Nase, die aussah, als hätte sie mal ein schwerer Schlag getroffen. Kein Knorpel mehr unter der Haut, und ich sagte: »Was kann man denn da machen? Gegen diesen Schimmel, meine ich. So was ist doch gefährlich, oder?«

»Ach wo. Was soll denn daran gefährlich sein. Bei Bolle gibts sogar Käse mit Schimmel, und dafür zahlen Sie richtig Geld! Machen kann man nicht viel. Wahrscheinlich kommt das durch den ollen Kamin, wenn Regenwasser reinläuft oder geschmolzener Schnee. Die über Ihnen, diese Gabi, die hatte auch mal irgendwas. Aber es gibt so eine Tapete ...«

Er blickte sich um. »Emil? Mach mal leiser, den Scheiß. Wie heißt diese Silberfolie noch?«

»Glaub nicht«, sagte Kaspar, der kalte Würstchen aß; während er eins aus dem Glas zog und in den Senftopf tauchte, ließ er den Fernseher nicht aus den Augen. »Ist 'ne Wiederholung.«

Hellmann schüttelte den Kopf. »Na, Silberfolie eben. Und anschließend Rauhfaser drüber, zack. Wenn Ihr Liebster dann immer noch hustet, geben Sie ihm einen steifen Grog. – Wie war übrigens das Essen?«

»Prima«, sagte ich und verabschiedete mich, brachte meine Kopien in den Keller. Die Glühbirnen unter der gewölbten Ziegeldecke flackerten, Spinnweben blähten sich in der Zugluft, und ich sah kleine Spuren im Ruß unter den Schornsteinklappen, unzählige, wie graue Sterne auf schwarzem Grund. Ich löschte das Licht und blieb noch einen Moment im Dunkeln stehen. Doch regte sich nichts.

Im Haus roch es nach Kohl. Schon auf der Treppe hörte ich leisen Gesang, und als ich in die vierte Etage kam, saß Kevin auf der Matte vor meiner Tür und lächelte mich an. Fünf oder sechs Jahre alt, lebte er mit seiner Mutter in der Nachbarwohnung, in einem Zimmer. Sie war Kosmetikerin oder Friseuse, ich kannte sie nur flüchtig; sie hatte mir mal ihre Bohrmaschine geliehen. »Nanu«, sagte ich. »Hat Diana Besuch?«

Seine Haut sah aus wie helle Schokolade, die Locken waren winzig, und er steckte gerade Steine zusammen, Legosteine, baute einen bunten Turm. »Aus Texas«, sagte er, und das Weiße in den Augen war ganz rein. »Aber das ist nicht mein Papa. Der kommt aus Oregon.«

Dann griff er in seine Hemdtasche und streckte die

Hand vor. Ein Bonbon lag auf der hellen Fläche, eine Münze aus Lakritz. Ich steckte sie mir in den Mund und öffnete die Tür. »Willst du bei mir fernsehen?«
Doch er schüttelte den Kopf, schob den Turm zur Seite und schlug ein Bilderbuch auf, Pettersson und Findus. »Sie sind ja gleich fertig«, murmelte er, und ich holte ihm ein Glas Saft aus der Küche und ließ meine Tür einen Spaltbreit offen.
Dann setzte ich mich an den Computer. Es war jetzt schon sehr warm, in vielen Wohnungen standen Oberlichter offen, man hörte die Stimmen Telefonierender oder leise Musik, und da ich kaum jemanden sah, konnte ich mir leicht eine zweite Welt vorstellen, ein Leben hinter dem Leben – und erschrak, als an einem Fenster plötzlich eine Hand erschien, lackierte Nägel, und eine Schüssel dampfender Kartoffeln auf die Brüstung stellte.
Irgendwann ging ich zum Imbiß an der Ecke und kaufte mir ein halbes Hähnchen. Ich aß es am Kanal und trank ein Glas auf dem Bierschiff. Später rief Frank an. Offenbar war alles gut gelaufen, er klang vergnügt. Er spielte Schlagzeug, hatte das sogar studiert, und wenn ich früher dachte, man brauche Muskeln, um so eine Schießbude zu bedienen, weiß ich es jetzt besser. Schlank und von ganz normaler Größe, durfte er doch nichts Schweres heben, ohne vorher seine Manschetten umzulegen; er machte jeden Morgen Yoga, bewegte sich wie Wasser und konnte eine Stunde im Restaurant damit verbringen, immer wieder den Tisch zu wechseln, weil es angeblich zog. Aber ich mochte seinen Humor. An unserem ersten gemeinsamen Abend in der

neuen Wohnung hatte er mir einen großen Strauß langstieliger, in knisterndes Seidenpapier eingewickelter Heizkörperpinsel geschenkt. »Und was macht dein Husten?« fragte ich.

»Weg«, sagte er. »Kein Schnüffeln, kein Räuspern, nichts. Holland tut mir richtig gut. Wahrscheinlich bin ich gegen deine Reizwäsche allergisch ... Warst du bei mir?«

»Ja«, sagte ich. »Keine Post. Nur eine Rechnung von deiner Frau. Und die Gardenie fängt endlich an zu blühen. Wann kommst du denn jetzt?«

»Ich bin schon da«, sagte er, und wir legten auf.

Die Arbeit nahm Form an, und das war ein gutes Gefühl, auch wenn ich mich ärgerte über meinen Professor, der eigentlich nett war. »Tiere sind die Schatten unserer Seele – und die Seele unseres Schattens«, hatte ich geschrieben, und der Satz war durchgestrichen; »unwissenschaftlich« stand am Rand.

Ich tippte gut zwanzig durchgesehene Seiten ab, und dabei fiel mir auf, daß mein Literaturverzeichnis nicht vollständig war; zwei der fotokopierten Bücher fehlten. Meine Flip-Flops standen in der Küche, und ich schlüpfte hinein und zog die pralle Abfalltüte aus dem Eimer, wobei sie riß; etwas Gulasch quoll hervor. Es war fast zehn, und die Neonkugeln im Treppenhaus funktionierten nicht. Aber der Mond schien hell genug durch die Fenster, tauchte alles in ein bleiernes Grau, in dem die Geländerkehren glänzten, und als ich über den Hof ging, hörte ich ein Scharren und Rascheln im Container und blieb stehen. Da war es still.

Doch trat ich erst einmal dagegen, bevor ich meine

Tüte hineinwarf. Auch im Keller alles dunkel, ohne jeden Schimmer; die Schwärze roch nach feuchtem Ruß, und ich tastete vergeblich nach der Taschenlampe, die sonst auf dem Sicherungskasten lag, und traute mich nicht auf die bröckelnde Treppe. Ich schloß wieder ab und klingelte im ersten Stock. Jemand lachte auf in der Wohnung, es klang ein bißchen dreckig, und es dauerte eine Weile, bis Herr Hellmann mir öffnete.

Unterwäsche trug er, Feinripp, hellblau, und langte an mir vorbei in den Flur. »Prost, Mahlzeit!« Mehrmals schlug er auf den Schalter. »Dann haben die Viecher mal wieder die Kabel geknackt. War ja vorauszusehen bei dem Chaos da unten. Alles vollgerümpelt. Auf jeden Berliner kommen drei Ratten, das stellen Sie sich vor. Hab ich gerade noch gelesen. Und wir sind vier Millionen! Die kraxeln die Scheißhausrohre hoch bis in den obersten Stock!«

Er zog die Tür etwas weiter auf, winkte mich in die Küche und nahm den Deckel von einem Topf. »Kommen Sie mal, ich hab 'n prima Kohlklops für Sie. Mit Kümmel. Paar Stampfkartoffeln dazu, und der Abend ist gerettet. Nächste Woche gibts Sülze mit Remoulade.«

Offenbar hatte er längst vergessen, was er trug. Das Unterhemd war zu kurz für den enormen Bauch, und der Hosenboden, schon verblichen, hing tief zwischen den behaarten Schenkeln. Mit der verkrüppelten Hand – es fehlten drei Finger – nahm er eine Plastikdose aus dem Regal, und ich sagte: »Danke, Herr Hellmann, vielen Dank! Ich hab ja noch Ihren Gulasch oben. So viel kann ich gar nicht essen!«

»Ach was, Mädchen, natürlich können Sie! Haben ja nix auf den Rippen!«

Die anderen Türen der Wohnung waren geschlossen, und der Fernseher schien nicht zu laufen. Doch hörte ich Kaspars Stimme nebenan, ein Brummen nur, und wieder dieses Lachen, wie von einer beschwipsten Frau; im gleichen Augenblick sah ich zwei Schuhe vor der Garderobe, High Heels mit Straß. »Bißchen Verwöhnprogramm heute«, sagte der Hauswart. »Nur warm machen, nicht kochen. Ab morgen gibts wieder Licht.«

Er zwinkerte mir zu, schloß die Tür, und langsam stieg ich die Treppe hinauf. Es roch nach Maggi oder Fondor aus der Box, die sich klebrig anfühlte, und in meiner Wohnung kippte ich den Inhalt in den Mülleimer und wusch sie aus. Frank rief nicht noch einmal an; wahrscheinlich saß er schon im Flieger.

Doch gegen Mitternacht – ich lag auf dem Bett, sah fern – klingelte es an der Wohnungstür. Ich trug nur meinen Bademantel und fuhr mir rasch durch die Haare. Sie waren viel zu lang mittlerweile, aber er wollte nicht, daß ich sie abschnitt; seine Ex-Frau hatte so eine Stoppelfrisur. Ohne Licht zu machen, lief ich über den Kokosteppich und blickte durch den Spion. Im Treppenhaus war alles dunkel, wie vordem, und ich löste die Kette und fragte: »Frank? Bist du's?«

Keine Antwort. Statt dessen wurde noch mal auf die Klingel gedrückt, ganz kurz, und sehr leise geklopft, und ich hielt mir den Frotteestoff vor der Brust zusammen und trat einen Schritt zurück. »Ja doch! Was gibts?«

Die Stimme auf der anderen Seite war nur ein Wispern,

ich verstand kein Wort. Dann bewegte sich die Briefschlitzklappe, die Scharniere quietschten, eine Hand
erschien, und ich machte Licht. Die kleinen Nägel waren mit Filzstift bemalt, jeder in einer anderen Farbe.
»Kevin?«
Ich öffnete die Tür, ging in die Hocke. Der Junge war
barfuß und rieb sich die Augen. Er trug einen schief
geknöpften Schlafanzug mit Disney-Motiven, und in
seinem Haar hing eine winzige Daunenfeder. »Ja sag
mal, was ist denn mit dir los? Gehörst du nicht ins Bett?
Wo ist deine Mutter?«
Er hob die Schultern. »Weiß nicht. Tanzen. Kann ich
bei dir schlafen?«
»Du möchtest was? Wieso? Natürlich kannst du bei
mir schlafen, aber ich glaube nicht, daß Diana das
recht wäre, oder?« Ich knöpfte ihm den Pyjama auf
und richtig wieder zu. »Komm, ich bring dich in dein
Bett.«
Benommen kratzte er sich den Bauch. Er hatte ein wenig Schokolade oder Lakritz in einem Lippenwinkel
und hielt die Augen geschlossen. »Nein, ich hab Angst
allein. Dann laufen Tiere über mein Gesicht.«
»Ach Quatsch«, sagte ich. »Wer hat dir denn so was
erzählt. Wo genau ist deine Mutter jetzt? Kann ich sie
anrufen?«
Kopfschüttelnd ging er an mir vorbei ins große Zimmer, und ich weiß nicht, warum mir der Atem stockte,
als ich die Fußsohlen sah; er klappte ein Stück der
Tagesdecke um und legte sich auf meine Matratze, an
den äußersten Rand. »Sie kommt nachher«, murmelte
er. »Aber spät. Dann wird es hell, und ich darf mich

nicht bewegen, obwohl ich Hunger hab. Kannst du den Fernseher leiser stellen?«

Und schon schlief er ein. Ich deckte ihn zu, ging in die Nachbarwohnung, sah nach den Wasserhähnen und dem Herd und schloß die Tür. Klebte einen Zettel an den Spion.

Schließlich goß ich mir ein Glas Apfelsaft ein und legte mich neben das Kind. Im Fernsehen lief eine Talkshow, es ging um die Rechtschreibreform, eigentlich interessant, doch ich konnte mich nicht konzentrieren. Immer wieder drehte ich den Kopf, um Kevin zu betrachten, seine hellbraune Silhouette mit den langen Wimpern. Ich legte meine Hand neben seine, ohne sie zu berühren, zupfte ihm die winzige Feder aus dem Haar, und einmal roch ich sogar an der Stirn. Er schlief mit dem Daumen im Mund und trug ein Armband aus Brausebonbons, und ich zog mein Telefon näher ans Bett und stellte mir vor, daß ich flüstern würde, wenn Frank jetzt anriefe – ein Gedanke, der mir das Wasser in die Augen trieb; keine Ahnung, warum. Dann schlief ich ebenfalls ein.

Im Traum wollte ich fliegen, wie schon oft, konnte jedoch nicht abheben, sosehr ich auch mit den Armen schlug; es schmerzte in den Gelenken, und mein Professor, neben mir, sagte: »Was soll die Anstrengung, Mädchen. Wir fliegen bereits.«

»Also sind wir tot?« fragte ich und schreckte hoch, als es klingelte, schlüpfte in den Morgenmantel. Obwohl es schon dämmerte über den Dächern, war der Baum vor dem Fenster nachtschwarz. Kevins Mutter biß sich auf die Lippe. Zu einem engen roten Kleid trug sie eine Lederjacke und wickelte sich eine ihrer weiß blondierten Strähnen um den Finger; doch war sie zu beschwipst, die Reue in den Augen verrutschte. Ich ließ sie auf der Schwelle stehen und trug den schlafenden Jungen hinüber, legte ihn in sein Bett.

»Der will mich bestrafen«, flüsterte Diana und zog ihm den Daumen aus dem Mund. »Das hat er schon bei der Heike gemacht. Der gönnt mir keine fünf Minuten Spaß. Entschuldige, hörst du. Und vielen Dank. Das nächste Mal schickst du ihn einfach zurück.«

Ich schloß meine Tür und setzte mich an den Küchentisch. Selten flogen Singvögel in den Hof, im Baum lebten Elstern, und doch war das sommerliche Gezwitscher auf den alten Friedhöfen jenseits der Brandmauern zu hören, ein melodisches Wogen. Ich goß mir ein Glas Milch ein, aß etwas Quark, und langsam ging die Sonne auf, und die oberen Kastanienblätter sahen wie umrissen aus von einer glühenden Linie. Es gab schon erste Früchte.

Wasser pladderte in den unverkleideten Rohren, irgendwo fiepte ein Wecker, und schließlich ging ich wieder ins Bett und stellte das Heizkissen an. Der Rücken tat mir weh, ich hatte mich wohl verhoben, und als ich ein Scharren hörte über mir und rasche Schritte auf den Dielen, immer wieder, als liefen dort Kinder auf Strümpfen, drückte ich mir Ohropax in die Ohren und schlief noch mal ein.

Gegen Mittag klingelte das Telefon; Frank war aus Holland zurück und fragte, ob er vorbeikommen könne, sofort. Ich frühstückte gerade und sagte: »Warum? Es ist Montag. Erzähl mir lieber von Amsterdam.«

Dem Schweigen hörte ich an, daß er verblüfft war. »Ach komm«, sagte er dann. »Vergiß den Käse; ich will dich ficken.« Und kurz darauf lagen wir auf dem Sofa, und er machte es auf diese heftige Art, die ich manchmal ganz gern hatte.

Aber jetzt konnte ich mich nicht entspannen, weiß der Teufel, wieso. Wahrscheinlich, weil er sich sogar dabei immerzu räusperte. Ich wartete darauf, daß er kam, und als ich einmal die Augen öffnete, bemerkte ich einen hellbraunen Fleck an der Zimmerdecke und fragte mich, ob der neu war oder ob ich ihn bisher übersehen hatte. Frank zitterte am ganzen Körper, und ich schlang die Arme um ihn und kratzte Striemen in den Schweiß auf seiner Haut.

Später tranken wir eisgekühlten Rosé und pafften die Zigarillos, die ihm die holländische Agentin geschenkt hatte, »Old Hippies Dream«. Alle Fenster waren geöffnet, der Hitze wegen, man roch den Müllcontainer im Hof, und während wir uns die erste Abmischung der neuen CD anhörten, noch ohne Bläser, verschränkte er die Hände im Nacken und blickte zur Decke. »Da oben scheint was undicht zu sein, oder? Übrigens: Wann hast du jetzt eigentlich Geburtstag? Freitag oder Samstag?«

Ich zeigte ihm den Finger. »Sonntag.«

Er gurgelte mit einem großen Schluck. »Und was wünschst du dir?«

Wir blickten uns in der Wohnung um. Immer noch lehnten ein paar Regalbretter in der Ecke. »Eine Bohrmaschine«, sagte ich. »Aber die von Chanel.«

Grinsend schlug er mir auf den Po – und verzog plötzlich das Gesicht, das rot wurde, kniff die Lider zusammen. Schläfenadern traten hervor, der Körper zuckte, und schon schwappte Wein aus dem Glas, und er setzte sich auf. Ich fand es erschütternd, wie mager er war mit seinen vierzig Jahren, wie ein Knabe. Zwar keuchte er tief, doch brachte er den Husten nicht wirklich heraus, und als ich ihm auf den Rücken klopfen wollte, stieß er mich weg und ging ans Fenster, rang nach Luft.

Die Augen tränten, und ich legte ihm meinen Morgenmantel um die Schultern und blickte mit ihm in den Hof. Der Container war übrigens gar nicht da, wahrscheinlich hatte der Hauswart ihn schon auf die Straße geschoben; die Abfuhr kam dienstags. Eine kleine, etwas struppige Ratte beschnupperte die Stelle, an der er gewöhnlich stand.

Als Frank gegangen war – er hatte zwei Kinder mit seiner Ex und wollte mit ihnen zum Schlachtensee –, setzte ich mich an den Bildschirm und suchte im Internet nach dieser Tapete für den Kamin. Es gab unzählige Sorten, und ich bestellte erst einmal die billigste und nahm mir dann ein Buch vor, Aufsätze aus der Stabi, »Religion ohne Gott«. Doch hatte ich kaum damit begonnen, als ich wieder Schritte hörte über mir, schwere diesmal, ein Poltern und Schleifen, als würde etwas über die Dielen gezerrt, und ich stand noch einmal auf und schlüpfte in die Schuhe. Strich mir mit der Bürste durchs Haar.

Früher mußte der fünfte Stock der Dachboden gewesen sein; die Treppe dort hinauf war viel schmaler. Das Geländer wackelte, und die Decke im Flur kam mir niedriger vor. Auch sie voller Wasserflecken, und hier und da lehnten Fahrräder, an die Gasleitungen gekettet wie der Wäscheständer aus Draht, an dem der Bezug einer Wärmflasche hing. Volle Plastiksäcke standen herum, ein Fernseher mit zerschlagenem Bildschirm, eine riesige Zimmerlinde, fast kahl, und dann hörte ich die Stimme des Hauswarts und blieb vor einer halboffenen Tür stehen. Keine Klingel, kein Name; ich klopfte an den Rahmen.

Der Geruch, der aus der Wohnung kam, war derart, daß ich mir unwillkürlich das T-Shirt vors Gesicht hielt, den unteren Saum, und es war mir egal, daß Herr Hellmann meinen Bauch sah. Gummistiefel trug er, einen weißen Papier-Overall und jene Art Mundschutz, die man beim Schleifen oder Lackieren verwendet. Auch Kaspar war so gekleidet, und er hielt einen blauen Sack auf, damit sein Freund da hineinschaufeln konnte, was sich auf dem Küchenboden häufte. Seine Haare klebten an den Schläfen, der Schweiß tropfte ihm aus den Brauen.

Hellmann machte eine Handbewegung. »Bleiben Sie mal lieber weg! Sonst holen Sie sich noch wer weiß was.«

Auf dem Herd standen Töpfe und Pfannen mit eingetrockneten Essensresten, in der Spüle häufte sich Geschirr, von grauem Flaum überzogen, und er stocherte in dem Haufen, der bis unters Fensterbrett reichte und aussah, als hätte jemand über Monate seinen Müll gesammelt, ihn einfach in die Ecke geschmissen. Ich sah verschimmeltes Brot auf dem Schaufelblatt, braun verfaultes Obst, Fetzen durchsotteten Zeitungspapiers.

»Nu halt die Tüte weiter auf!« rief der Hauswart. »Wie soll ich den Rotz denn da reinkriegen, Mensch!«

Kaspar brummte irgend etwas hinter seinem Mundschutz, und ohne über die Schwelle zu treten, reckte ich mich ein wenig vor, um in die Wohnung zu sehen. Neben dem Bad und der Küche hatte sie nur ein Zimmer, aber ein großes. An den Fenstern Jalousien mit geknickten Lamellen, und die Wände waren kahl; ein paar Tapetenfetzen klebten noch am Putz. Eine Glühbirne hing unter der Decke, und auf dem Boden – ungefähr an der Stelle, an der im Raum darunter mein Bett stand – lag eine schmale Matratze mit geblümtem Bezug. Sonst gab es nur noch einen Sessel ohne Beine und einen schiefen Schrank.

Überall auf den weiß gestrichenen Dielen Gläser, Flaschen und Aschenbecher, und sogar die Tassen und Untertassen waren voller Kippen. Dutzende von Pizza-Kartons lagen herum und jene Tüten mit dem aufgedruckten Hahn, die man an der Ecke bekam. Neben der Matratze ein großer brauner Fleck, von dem winzige sternförmige Abdrücke in alle Richtungen über den Boden liefen, und ich drückte mir den Hemdstoff fester vor die Nase und sagte: »Um Gottes willen! Was ist denn hier los?«

Kaspar band den Sack zu, wuchtete ihn an mir vorbei in den Flur und entfaltete einen neuen. Hellmann, der fleischfarbene Latexhandschuhe trug, wischte sich mit dem Ärmel über die Stirn. »Gar nichts mehr ist hier los, junge Frau. Alles passiert. Das ganze Leben.«

Ich starrte ihn nur an, und er nickte. Da wo sich Schweiß gesammelt hatte unter dem Gummi, auf Hand- und

Fingerrücken, sah man Haare. »Unser Gabilein ... Der tut nix mehr weh. Nicht mal aufheben konnte man die. Mit der Schippe in den Sarg. Wahrscheinlich war die schon tot, als Sie hier eingezogen sind. Heiliger Bimbam, nimmt dieser Müll denn gar kein Ende?«

Irgend etwas undefinierbar Graues, ein faseriger Klumpen, rollte von dem Haufen bis vor seine Füße; in der Mulde, die er hinterließ, wimmelte es von Maden. »Die hat uns noch mal richtig vors Bein geschissen«, sagte er und hob etwas Weißes auf, einen Eierbecher aus Porzellan, stellte ihn auf die Spüle. »Redet mit niemandem, zahlt monatelang keine Miete, räumt ihren Keller nicht auf, und dann ... Na ja. Wenn Sie irgendwo 'ne Ratte sehen – das ist Fleisch von ihrem Fleisch. Stimmts, Emil?«

Er stieß das Schaufelblatt in den Dreck, und Kaspar hob den Kopf und blickte einmal kurz auf meinen Bauch. Ich hatte einen Silberring im Nabel. »Ach nee«, sagte er. »Die war eigentlich ganz nett.«

Mein zweibeiniger Bäcker

Er ist manchmal wirklich blöd. Ich meine, er hat überhaupt keinen Stolz. Immer nur futtern. Papa sagt, das ist die Entwicklung. Und wegen Mama; der Kummer und so. Aber ich bin auch traurig und esse nicht mehr. Ich glaube, das ist einfach nur Gier. Dauernd versteckt er irgendwo Brote und diese Reiswaffeln mit Schokolade, die er unter der Bettdecke nascht, und oft vergißt er sie auch. Einmal lag ein paniertes Kotelett im Schrank, zwischen meinen Schlüpfern. Es wurde schon grün.

Da hab ich ihm natürlich eine gedonnert; ich mußte alles neu waschen und die Schubladen desinfizieren mit so einem Spray. »Du verfressene kleine Sau«, hab ich gesagt. »Finde ich noch einmal irgendwo diese ekelhaften Sachen, bringe ich dich zum Arzt. Du gehörst in die Klapsmühle, Mensch, zu diesen Spasties!«

Da hielt er sich die Hände vors Gesicht, Tränen liefen über die Gelenke. »Aber ich bin doch dein Bruder!« schluchzte er, und ich drehte mich weg, damit er mein Grinsen nicht sah. Er ist schon süß, manchmal jedenfalls, und zum Glück wird er nicht fett.

Oma mochte ihn auch. Aber ich glaube, sie mag jeden, der sich über ihre Berge von Bratkartoffeln hermacht, mit Speckscholle, versteht sich, und immer noch einen

Nachschlag will. Und dann ein ganzes Glas Kürbisse ißt und eine heiße Schokolade mit Sahne trinkt. Am Abend!

Es war unser erster Urlaub nach Mamas Tod, und wir waren mit dem Zug die ganze Strecke von Mannheim gekommen. Papa hatte das Auto verkauft, um die Beerdigung und den Stein bezahlen zu können, und nachdem wir in die kleinere Wohnung gezogen waren, kriegte er Geld von einem Verein, irgendwas Kirchliches, und da sind wir dann gefahren. Ich finds gut im Zug; man kann rumgehen und Leute ansehen, und am schönsten ist es im Speisewagen, obwohl wir nur was getrunken haben, Fanta. Ich hatte uns zwar Stullen geschmiert, doch die durften wir da nicht essen.

In Rendsburg mußten wir noch auf einen Bus warten; er fuhr nur alle paar Stunden. Omas Straße liegt am Nord-Ostsee-Kanal und ist eigentlich eine Sackgasse, mitten in den Feldern. Sie gehörte früher zu dem Gut mit dem Turm; man sieht den Wetterhahn hinter den Bäumen. Die Häuser haben Strohdächer, die eigentlich anders heißen, hab ich vergessen, und vor jedem steht eine Pumpe. Auf den Wiesen gehen Störche herum und suchen nach Fröschen, und ab und zu scheinen Schiffe oder weiße Fähren durch die Landschaft zu gleiten. Das ist natürlich der Kanal, aber an dem Abend, als ich zum ersten Mal sah, wie so ein Ozeanriese mit Lichterketten und schön angezogenen Menschen an der Reeling langsam durch den Weizen fuhr, kriegte ich den Mund nicht mehr zu. Doch Oma schälte Kartoffeln.

Es gab nichts in dem Ort, kein Kino, keinen Laden,

nicht mal ein Eis konnte man sich irgendwo holen. Entweder man fuhr nach Sehestedt, oder man wartete auf die Lieferwagen mit den schrillen Klingeln, die Brot oder Fleisch oder sonstwas brachten; Oma hörte immer schon am Ton, wer es war. Dienstags und freitags kam der Bäcker, ein Schulfreund von Papa. Also nicht der im Auto, das fuhr immer ein anderer, aber der Besitzer des Geschäfts, und Oma meinte, er hätte zwar was erreicht im Leben, aber er nimmt zuviel Backpulver. Peters hieß er; es stand in großen Buchstaben auf dem Wagen.

»Ein guter Torwart«, sagte Papa. »Damals jedenfalls.«

Oma nickte. »Jetzt müßte er sich nur reinstellen in das Ding, so dick ist er geworden. Fahrt doch mal nach Kluvensiek, wenn die Räder kommen; er freut sich bestimmt. Der ist bannig stolz auf seine Schweinemast, kriegt dauernd Preise und Plaketten. Dabei stänkert er alles voll mit der Gülle.«

Aber Papa wollte nicht. Eigentlich schade. Ich hätte gern mal die kleinen Ferkel gesehen, und Pferde hatte er wohl auch, denn Oma sprach von einer Kutsche, die man bei ihm mieten konnte, für Hochzeiten oder Rundfahrten. Doch Papa schüttelte nur den Kopf und legte sich in den Liegestuhl unter den Bäumen, wo das Gras so hoch war, daß es einem die Kniekehlen kitzelte.

Omas Haus ist sehr klein, aber total süß. Alles knarrt, und es gibt eine gute Stube mit Blumenbank und Spitzendeckchen und so, ein Schlafzimmer mit Ehebett und eine Speisenkammer, wo geräucherte Würste unter der Decke hängen. In der Küche steht ein großer

Herd, der mit Holz beheizt wird. Zwar hat sie auch einen von Seppelfricke, aber sie sagt, der Strom ist zu teuer. Und weil ihr ehemaliger Mann – also mein toter Opa, der aber nicht der richtige Vater von meinem Papa ist –, weil der Waldarbeiter auf dem Gut war, kriegt sie immer noch Brennholz umsonst; der ganze Schuppen ist voll.

Es riecht schon gut, wenn man das Essen auf einem Feuer aus Buchenscheiten macht, ist aber auch tierisch warm, wir waren ja im Sommer da. Alle Fenster und Türen offen, und trotzdem saßen wir im Unterhemd am Tisch, und Oma lächelte mit ihren komischen Zähnen, die aussahen, als wären sie aus einem Stück Plastik, und sagte: »Na, meine Lütte, du könntest langsam mal einen Büstenhalter tragen, oder?« Dabei war ich erst zwölf.

Aber ich kriegte schon meine Periode, in dem Monat zum zweiten Mal, und deswegen fand ichs blöd, daß ich mir die Couch mit Lukas teilen mußte. Es gab eben keinen Platz, auch Papa schlief mit seiner Mutter in dem Ehebett, und das sah überhaupt nicht schön aus. Ich mußte an ihnen vorbei, wenn ich zum Klo wollte, und wie sie da im Mondlicht nebeneinander lagen, er und die alte Frau mit den aufgelösten grauen Haaren – eine riesige Menge, die sie tagsüber zu einem Knoten band –, das machte mich irgendwie traurig.

Am nächsten Tag kamen die Fahrräder; der Verleiher war der Sohn einer Nachbarin, und wir kriegten einen Sonderpreis für zwei Wochen. Aber meins war ein Flop. Lausige drei Gänge, und der Sattel klappte immer wieder nach vorn, da konnte Papa noch soviel schrauben. Er selbst fuhr eine Art Mountainbike, auch nicht sehr bequem. Jedenfalls sah er ziemlich komisch aus mit den abgewinkelten Ellbogen und dem krummen Rücken. Nur Luki hatte mal wieder einen Volltreffer, einen kleinen Flitzer mit zwölf Gängen und Freßkorb am Lenker. Bananen packte er da rein, Kartoffelpuffer und zwei Flaschen Saft.

Papa wollte uns ein Museumsdorf zeigen; es war wohl neu, denn Oma sagte, es werde sehr gut angenommen. Wir fuhren fast eine Stunde an der Eider entlang, einem flachen Fluß mit Pferdeweiden links und rechts, und bogen dann in einen Wald, in dem die Baumstämme wie stumpfes Silber aussahen und kleine Fruchthülsen unter den Reifen knackten. Es war wie in einer Säulenhalle, mit dickem Moos auf dem Boden und einem durchsonnten grünen Dach, doch nirgendwo ein Zwitschern oder so, und als Papa und ich einmal anhielten, um auf den ewig trödelnden Lukas zu warten, war die Stille so dicht, daß ich plötzlich Mamas Stimme in meinem Kopf hörte. Nur den Klang, wie hinter einer Wand.

Dann mußten wir auf einer Fähre über den Kanal, und es kostete keinen Cent. Das kam mir seltsam vor; ich hätte lieber was bezahlt. In dem Dorf, das eigentlich nur aus zwei Häusern und einem Stall bestand, war alles wie früher, mit Sensen und Dreschflegeln und Eimern aus Holz. In einer Wiege neben dem Kachelofen lag eine Puppe, im Stall standen ausgestopfte Kühe, aus einem Lautsprecher kam das Gegacker von Hühnern, und überall hingen »Bitte nicht berühren«-Schilder. Doch einem Lämmchen fehlte ein Ohr.

Dann radelten wir weiter, flache Wege, gemütliches Tempo. Manchmal streckte ich ein Bein zur Seite, um die Ähren zu streifen, die Kornblumen und den Mohn, und fast hätte ich den Vorschlag gemacht, durchzufahren bis zum Meer. – Viel zu weit, schon klar, besonders mit so einer Lusche von Bruder; denn der kriegte plötzlich seine Quengeltour, wie immer, wenn er Hunger hatte. Der Hintern tat ihm weh, das Kreuz, die Sonne war zu heiß, der Wind zu kalt, Pipapo. Er wollte einfach nicht mehr weiter. Also legten wir die Räder in den Straßengraben und setzten uns unter einen blühenden Baum. »Weißdorn«, sagte Papa. »Ist gut fürs Herz.«

Wir aßen unsere Vorräte, tranken Saft, und nachdem er eine Zigarette geraucht hatte, lehnte er sich gegen den schrägen Stamm und schlief auch schon ein. Ich spielte mit Luki Karten, Spiderman. Natürlich fudelte er wieder, doch ich sagte nichts. Die kleine Ratte hätte nur gebrüllt, und Papa wäre wach gewesen. Er sollte sich aber erholen. Er kriegt vielleicht im Herbst eine Stelle.

Dann fielen auch mir die Augen zu, doch plötzlich bissen den Kleinen irgendwelche Viecher, Ameisen wohl, die Haut wurde rot, und das Geflenne fing von vorn an. Manchmal könnte ich ihn echt … Rotz lief über seine Lippen, und ich nahm eins von meinen Taschentüchern, so ein gehäkeltes aus dem Kurs, und hielt es ihm unter die Nase. »Na, schneuz schon!« zischte ich. »Drück!«

Er versuchte es wohl, pupte aber nur – da hielt ein Auto neben uns, einer von diesen Lieferwagen mit aufgemaltem Gebäck. Das Seitenfenster war runtergekurbelt, und ein dicker Mann in einem weißen Kittel sah uns an. Die Brusttasche war voller Kugelschreiber. »Kann das wahr sein?«

Wenig Haare, viel Pomade, und als er lächelte, sah man einen Goldzahn. Ich wollte Papa anstoßen, doch er war schon wach. Er schloß den oberen Hosenknopf und machte einen Spreizschritt über den Graben. Ole Peters, stand auf dem Auto, Frische für den Norden, und die Männer gaben sich die Hand. »Walter, mein Alter! Was treibst *du* in der Heimat? Nichts zu tun?« Papa grinste. »Urlaub mach ich. Mit meinen Kindern.« Er trat zur Seite, damit der Mann uns sehen konnte. »Lukas und Johanna. Die kennst du noch nicht, oder?« Der andere hob die Brauen, musterte uns stumm, und Mama hätte jetzt gesagt: Steht gefälligst auf und gebt dem Herrn die Hand. Doch ich putzte dem Kleinen die Nase; ich hatte zu tun. Sagte aber »Guten Tag«. Die beiden redeten eine Weile miteinander durch das Seitenfenster, wobei der Motor lief, was ziemlich stank, und schließlich drehte Papa sich um. Er sah immer noch müde aus. »Was ist, Kinder, habt ihr Lust, euch ein paar Schweine anzuschauen?«

Ich hob die Schultern, doch Luki schüttelte den Kopf und zog sich eine Socke hoch. »Nein danke, heute nicht. Ich möchte Pferde.«

Der Mann lachte. »Na, die hab ich auch. Zwei Pracht-exemplare, werden euch gefallen. Und eine sprechen-de Dohle. Also ...« Er zeigte auf die Dächer am Horizont. »Erste Straße rechts, und immer dem Duft nach. Ich stell schon mal Getränke kalt.«

Dann fuhr er weiter, und Papa hob die Räder aus dem Graben. Er zog einen halben Kamm aus der Tasche und harkte sich damit durch die Haare; dabei hielt er die Sonnenbrille wie einen Spiegel. Schließlich kämmte er Lukas und klopfte ihm etwas Gras vom Rücken. Mich sah er nur kurz von der Seite an.

Das Dorf lag ganz hübsch zwischen den Feldern, aber die Pferde waren eine Enttäuschung. Sie weideten vor dem Hof, der gleich am Ortseingang lag, Kutschpferde wohl, hellbraun, mit fast weißen Mähnen und diesen Büscheln an den Hufen. Liebe Gesichter, das schon, aber früher, in Lukas' Alter, habe ich mal auf so einem Kaventsmann gesessen; man mußte die Beine derart spreizen, daß es weh tat, und ich war froh gewesen, als ich wieder runterkonnte.

Auf der Wiese ein Silo, dunkelgrün, aus dem irgendwas zum Himmel stank, und wir fuhren durch ein Torgebäude auf den betonierten Hof. Gut zwanzig Lieferwagen parkten darauf, zweiundzwanzig, um genau zu sein, und die Ziegelgebäude mit dem hohen Schornstein links waren wohl die Bäckerei. Männer mit Käppis arbeiteten hinter verstaubten Scheiben, und auf den Laderampen standen Eimer voller Korinthen und Mohn und diese Rollwagen, in denen man Bleche stapelt. Dann kam das Wohnhaus, ein weißer Klinkerbau mit blau lackierten Dachpfannen, und auf der anderen Hofseite gab es einen langen, ziemlich neu aussehenden Stall, eine Baracke aus Blech. Die Plexiglasfenster waren gekippt, und man konnte das Quieken und Grunzen von Schweinen hören. Nirgendwo eine Katze oder ein Hund.

Wir stellten unsere Räder ab. Ein Rollo wurde hochgezogen vor der Bäckerei, und Papas dicker Schulfreund winkte. »Hier bin ich! Kommt gleich mal rüber, dann zeige ich euch den Betrieb.«

In der Halle gab er auch Lukas und mir die Hand, ganz lasch. Er trug einen Goldring mit Stein. Es war laut unter dem Welldach, aus dem Schacht einer Verpackungsanlage rutschten Kekse im Sekundentakt, herzförmige Dosen, und Herr Peters stieß Papa mit dem Ellbogen an. »Ein lecker Mädchen hast du da. Kompliment.«

Er zwinkerte mir zu, und ich weiß nicht, ob ich verlegen wurde. Wahrscheinlich wurde ich verlegen, und das ärgerte mich. Doch Papa verzog keine Miene. Er sah sich in der Halle um. Überall Maschinen, weiß gestrichen, aber schon ziemlich zerkratzt. Aus einer fielen Kringel auf ein Fließband, aus anderen Schnecken oder Klopse, und alle landeten in einer großen Friteuse, wo sie nach wenigen Sekunden durchgebacken waren. Eine Art Mühlrad schaufelte sie zum Abtropfen auf vibrierende Siebe, und dann wurde ihnen Konfitüre eingespritzt, automatisch, und Frauen mit Hauben und Gummihandschuhen streuten Liebesperlen darüber. Klein-Luki kam aus dem Staunen gar nicht raus. »Mund zu!« rief ich. »Die Milchzähne werden sauer.«

Erschrocken hielt er sich eine Hand davor. In der nächsten Halle war es unglaublich warm, fast alle Männer arbeiteten im Unterhemd, und manche trugen kurze Hosen. Hier wurde Brot gebacken, aus einem Trichter plumpsten die rohen Laibe auf ein mehlbestäubtes Band, immer fünf zugleich, und ein Junge mit einem Ohrring und einem schönen Tattoo an der Schulter, einem geflügelten Einhorn, ritzte sie mit dem Messer an. Sie platzten richtig auf, und auch er zwinkerte mir so komisch zu. Aber dann lächelte er, und seine Zähne waren weißer als das Mehl.

Schließlich gingen wir in ein Büro, wo ein Mann vor einem Bildschirm saß. Er klickte etwas weg und stemmte sich an der Tischkante hoch. Auch er trug einen weißen Kittel und sogar einen Schlips. »Das ist der Meister«, sagte Herr Peters. »Mein zweibeiniger Bäcker. Ohne den wäre ich aufgeschmissen.« Dann zeigte er auf unseren Vater. »Ein Schulfreund. Hab immer abgeschrieben bei ihm. Außerdem der beste Linksaußen von Sehestedt, damals jedenfalls. – Was machst du eigentlich jetzt?«

Papa gab dem Mann die Hand. »Oh, ich war bei der BASF. Maschinenwartung.«

Herr Peters runzelte die Stirn, schien zu überlegen. »BASF, BASF ... Kriegen wir da nicht unser Backpulver her?«

Sein Meister grinste. »Nur die Aromen«, sagte er und ging zum Wandschrank, das heißt, er hinkte. Das rechte Bein war steif wie ein Stock, und er zog eine Flasche hinter den Akten hervor, irgendeinen Schnaps, und öffnete die Lade. Pinnchen kullerten darin herum, klickten leise gegeneinander. Der Dicke legte mir eine Hand auf die Schulter.

»Kinder, hier ist es so eng ...« Die Fingerspitzen glitten über meinen Rücken, fast bis zum Po, und ich machte einen Schritt zur Seite und stieß gegen den Tisch.

»Wartet mal auf der Rampe, ja? Wir kommen gleich nach.«

»Aber nichts anfassen«, sagte Papa und nahm ein gefülltes Glas entgegen. Der Meister prostete ihm zu, und als wir durch die Halle gingen – Lukas hielt sich an meinen Bermudas fest –, pfiff uns jemand hinterher. Ich drehte mich zwar um, konnte aber niemanden sehen; vielleicht war es ja ein Quietschen gewesen, eine Maschine. Draußen hatte es sich bewölkt, Wind trug den Güllegeruch aus dem Silo herüber, und wir setzten uns auf die Rampe und sahen ein paar Frauen beim Beladen der Autos zu, Polinnen oder so. Alle trugen Kopftücher, und wir verstanden kein Wort. Doch eine strich Luki übers Haar.

Der ließ die Beine baumeln, und mir fiel ein leichter Sonnenbrand auf; die Schenkel wurden rot. Dabei hatte ich ihn eingecremt. Dann fing er an zu popeln. »Meinst du, wir kriegen später so ein Teilchen? Eins mit diesen bunten Perlen? Oder mit Guß?«

»Bestimmt«, sagte ich. »Der Mann hat ja deinen Blick gesehen. Aber wehe, du bettelst, kleiner Gierschlund! Dann ist hier Philippi am letzten.«

Keine Ahnung, was das bedeutet. Mama hat es manchmal gesagt, und ich packte sein Handgelenk und zog ihm den Finger aus der Nase. Im Haus schrie ein Vogel, das war wohl die Dohle, und er stülpte die Unterlippe vor, drehte sich um. »Hast du auch so'n Durst? Es kratzt im Hals. Guck mal, da ist ein Wasserkran an der Mauer; wir könnten was trinken, oder?«

»Das heißt Wasserhahn«, sagte ich und stand auf. Ein kurzer Schlauch hing daran, und der erste Mundvoll schmeckte nach Gummi; ich spuckte ihn wieder aus. Doch dann war es kühl und erfrischend, und mein Bruder trank so gierig, daß er das Atmen vergaß. Sein Kopf wurde rot, die Augen traten vor, und es störte ihn gar nicht, daß seine Strümpfe naß wurden.

»Hör auf, Mensch, du kriegst Wasserflöhe!«

Ich nahm ihm das Schlauchstück wieder ab, und er rülpste leise, schlug sich auf den Bauch. »Das schmeckt! Hör mal, vielleicht gibt er uns auch eine Dose Kekse. Oder so ein großes warmes Brot, wo die Rinde kracht, und innen ist es ganz weich!«

Obwohl ich daran auch schon gedacht hatte – mit Butter und dünn geschnittenen Radieschen! –, sagte ich nichts. Ich hielt den Kopf schräg und ließ mir Wasser über Stirn und Gesicht laufen; die Haut dort juckte, und meine Wimpern waren verklebt von dem Staub, der einem aus den Feldern entgegenweht, vielleicht auch vom Mehl in der Halle. Es war eine Wohltat, und ich stöhnte. – Doch plötzlich langte der Kleine nach dem Hahn und drehte ihn voll auf. Ein kalter Schwall schoß mir über die Brust, und fast hätte ich ihm eine gescheuert.

»Du Idiot!« schrie ich. »Guck dir das an!«

Mein T-Shirt war weiß und ziemlich dünn, und er lachte dreckig und tanzte vor mir herum. »Ich seh sie, ich seh sie!« Dabei streckte er beide Zeigefinger vor. »Ich sehe deine Tittis!« Doch ehe ich ihn am Kragen hatte, kamen Papa und Herr Peters aus dem Büro, und rasch verschränkte ich die Arme. Umbringen hätte ich ihn können, und schoß einen giftigen Blick auf ihn ab.

Er sprang von der Rampe. Die Männer rochen nach

Schnaps und hatten gerötete Wangen, und in Papas Augen war ein seltsamer Glanz. »So«, sagte sein Freund, während wir den Hof überquerten, »das war der Zukkerkram. Ich meine, ich habs zwar gelernt, aber ich kanns nicht mehr sehen. Normalerweise kümmert sich meine Frau darum, doch die ist mal wieder im Krankenhaus. Die dritte Operation in vier Jahren. Da fragt man sich langsam, warum man überhaupt geheiratet hat, oder? Aber jetzt zeige ich euch die Zukunft. Das quiekende Gold.«

Eine Zigarre zwischen den Fingern, wahrscheinlich ein Geschenk, blickte Papa über den Hof. »Das ist wirklich beeindruckend«, sagte er, und seine Stimme, die sonst kräftiger war, leierte schon ein wenig; er kann nichts vertragen, nicht mal Bier. »Also, da muß ich dir ein Kompliment machen, Ole. Was du alles aufgebaut hast in den Jahren ... Donnerwetter!«

»Findest du? Na ja, mag schon sein. Aber für wen, mein Lieber, für wen oder was?« Er legte mir einen Arm um die Schultern. »Ohne Kinder hat das doch alles keinen Wert. Wenn ich mal den Löffel abgebe, wandert der ganze Kram auf den Müll. Stimmts, meine Kleine?« Ich sagte nichts, und seine Hand wurde immer schwerer; ich fühlte den Ring auf den Knochen. »Was ist denn mit dir? Frierst du?«

»Nein, nein.« Mit einer Kopfbewegung wies ich auf meinen Bruder; er stand vor dem Stall. »Der hat mich naß gemacht. Mit dem Schlauch.«

»Tja, so sind sie, die Kerle. Immer spritzen sie einen voll ... Aber dann nimm doch die Arme runter, damit es trocknet.«

»Ja«, sagte ich, hielt sie aber weiter verschränkt; er war ganz schön raffiniert. »Was meinten Sie vorhin mit *mein zweibeiniger Bäcker?* Jeder hat doch zwei Beine, oder?«

»Ist das wahr?« Er grinste, und Papa roch an der Zigarre. Dabei war sie noch verpackt. Herr Peters reichte ihm sein Taschenmesser. »Ein aufmerksames Mädchen, oder? Mein zweibeiniger Bäcker, das beschäftigt dich natürlich. Na ja, es heißt soviel wie . . . Nee, kann ich dir eigentlich nicht sagen. Oder? Walter? Kann ich doch?«

Der Griff war aus Horn, Hirschhorn wahrscheinlich, und Papa schlitzte das Cellophanpapier auf und schnitt das Mundstück an; ich wußte gar nicht, daß er so was konnte. »Tu, was du willst. Wir sind auf deinem Grund.«

Sein Schulfreund lachte, was eher wie ein Schnarchen klang. »Wenn das die Banken hören!« Wieder befühlte er meinen Rücken, die Schulterblätter, und ich machte mich steif. »Also, paß auf: Bäcker müssen vor den Hühnern raus, nicht wahr. Das ist bekannt. Die werden aus den schönsten Träumen gerissen; da geht es drunter und drüber, und plötzlich summt die Uhr. So ist das Leben. Und Männer, die früh aufstehen, haben meistens ein drittes Bein. Kannst du mir folgen?«

Auch Papa sah mich neugierig an, und ich zuckte mit den Achseln. »Nein.«

»Hm«, machte Herr Peters. »Kann sie nicht . . . Ist aber so, glaub mir. Zwei Beine zeigen nach unten, eins nach oben, jeden Morgen – das macht nach Adam Riese drei.

Nur bei unserem Meister ist das anders. Der hat sein rechtes in Kiel gelassen, unter einer Straßenbahn, also hat er nur noch zwei. Logisch, oder? Mein zweibeiniger Bäcker. Jetzt verstanden?«

Papa ging in den Stall, und ich konnte mir zwar denken, was er meinte, schüttelte aber den Kopf. Der Dikke schob das Blechtor etwas weiter auf. »Und wieso wirst du dann rot? Du hast übrigens was in den Haaren.«

»Wo?« fragte ich erschrocken und strich sie zurück. An den Fingern war nichts.

»Schon weg«, sagte er mit einem Blick auf mein Shirt, und dann zog er eine Flasche aus dem Kittel, so einen Flachmann aus Silber, und trank einen Schluck.

Ich glaube übrigens nicht, daß ich rot geworden war. Das wirkte nur so im Schein der Lampen, die über einigen Boxen brannten, Wärmestrahler. Darunter lagen Mutterschweine, vier Stück, und die Ferkel waren ganz frisch, ganz ohne Borsten. Obwohl sie die Augen fest zusammengekniffen hatten, wußten sie genau, wo sie hinrabbeln mußten, und manchmal hörte man ihr Schlürfen und Schmatzen. Winzig, diese Ringelschwänzchen, total süß, als hätte der liebe Gott sie aus der Tube auf ihren Hintern gedrückt. Lukas stand vor einem Gitter und winkte. »Jojo, komm! Hier ist ein Geschecktes.«

Der Stall war super, das mußte man zugeben, alle Tiere hatten Platz satt und sahen aus wie gebadet, und in den Boxen lag sauberes Stroh. Richtig klug schauten sie uns an, besonders die Halbwüchsigen in der Mitte, irgendwie auch erwartungsvoll; die Futterrinne war leer. Sie hoppelten ein Stück mit uns mit, und dabei wippten die Ohrenspitzen über den Augen.

Ganz hinten wurde es dann etwas enger. Logisch eigentlich, denn da waren die untergebracht, die auf den Schlachthof sollten, unglaublich fette Brocken. Daß die sich noch bewegen konnten! Auf gelben Zetteln standen die Städte, Lübeck, Jübek, Malente, und Papa hatte einen Fuß auf den Trogrand gestellt und zündete die Zigarre an. Herr Peters wies auf die Giebelwand; sie hing voller Urkunden und Plaketten. »Wir haben das alles optimiert. Neun Monate, höchstens zehn, dann kommen sie als Braten zur Welt.« Er hielt unserem Vater den Flachmann hin. »Oder als Würstchen, je nachdem.«

Lukas griff nach meiner Hand. Seine Finger waren klebrig und ganz weich. »Ich frag ihn jetzt was«, flüsterte er und zog mich mit. Er traut sich so was nie allein.

»Wehe, du bettelst!« zischte ich. »Du kriegst sofort eine geknallt.«

Doch bevor wir bei den Männern waren, kam Unruhe auf im Stall, erschrockenes Grunzen, Scharren, Quieken, und wir blickten uns um. Alles drängte an die Tröge, auch die Muttertiere. Sie ließen ihre Kinder einfach im Stroh, wo sie blind aufeinander herumkrabbelten mit den winzigen Hufen, die noch so rosig waren wie die Haut. Nur eines hatte sich festgesaugt an der Zitze und wurde über den Boden geschleift. Es ließ nicht locker.

Ein paar Arbeiter schoben die mannshohen Rollwagen über den Hof in den Stall und verteilten sie im Gang.

Die Räder ratterten auf den genoppten Fliesen, und die Bleche vibrierten so, daß einem die Konturen der Kuchen und Teilchen vor den Augen verschwammen. Der Junge mit dem Tattoo war übrigens nicht dabei. Er stand auf der Rampe und unterhielt sich mit einer dieser Frauen.

In der Bäckerei war mir gar nicht aufgefallen, daß die Männer weißliche Augenbrauen hatten; auch die Haare auf den Unterarmen waren überstäubt, und sie nahmen Lage um Lage aus den Wagen und kippten alles in die Tröge: Rosinenschnecken, Makronen, Sahnetörtchen, Brownies. Auch Berliner mit Guß und mit Puderzucker, Ochsenaugen, Apfeltaschen und Amerikaner waren dabei, außerdem jede Menge Brötchen, und das Brot – graues, weißes, Pumpernickel – hatte man sogar in Scheiben geschnitten. Und kaum landete es in der Rinne, zerbissen es die Schweine, die jetzt so eng standen, daß man kein Stroh mehr sah. Einige kackten beim Fressen, und viele Mäuler waren rot oder gelb verschmiert von der Marmelade und wurden von den anderen abgeleckt. Ihr Quieken schmerzte in den Ohren.

Noch mehr Rollwagen kamen herein, wir standen im Weg, und Herr Peters öffnete die Tür am Ende der Halle. »Alles von gestern«, rief er. »Das kauft mir morgen keiner mehr ab. Früher hätt ich so was weggeschmissen, ein Riesenverlust. Heute mach ichs zu Geld.«

Wir traten über die Schwelle ins Freie, doch die frische Luft stank auch. Von der plötzlichen Stille wurde mir fast ein bißchen schwindelig, mein Mund war trocken. Auf einem der Pferde saß ein Vogel, pickte etwas aus dem Fell, und Herr Peters berührte mich am Arm. Sein Ring hatte ein Siegel. »Hast du gesehen? Sogar Schweineohren haben sie gefressen, die dummen Säue. Wo ist denn dein Bruder?«

Ich drehte mich um, konnte ihn nirgends entdecken; doch Papa zeigte zur Rampe, wo die Fahrräder lehnten. »Er wartet schon. Ist sicher müde. Wir haben ja noch einen langen Weg. Also, Ole, vielen Dank für alles. War sehr interessant, auch für die Kinder. Manchmal denk ich wirklich, wir hätten hierbleiben sollen. Vertraute Leute, gute Luft ... Na ja, machs gut.«

Der Mann gab ihm die Hand. »Machs besser. Und das nächste Mal zeig ich dir die Fußballfotos. Ich hab sie alle eingeklebt, gleich neben diese Lale, du weißt schon; der erste Bikini im Ort. Heute wäre das ein Lacher.« Er sah mich an, blickte auch wieder auf mein Shirt; doch es war fast trocken. »Kann ich noch was für euch tun? Will jemand zur Toilette oder so?«

Ich mußte zwar, schüttelte aber den Kopf, und auch Papa sagte: »Danke. Das wird jetzt rausgeschwitzt.«

Der Mann trat zurück in den Stall. »Na dann: schöne Heimfahrt, euch drei!« Er hob eine Hand. »Und grüß deine Frau.«

Papa antwortete nichts. Er lächelte nur, strich mir eine Strähne hinters Ohr, und ich schlang ihm beide Arme um die Taille und drückte die Wange an seine Brust. So gingen wir zu den Rädern, die sich an den Griffen und den Sätteln zwar noch warm anfühlten von der Sonne; doch die Wolken waren jetzt ziemlich dicht, und langsam wurde es Abend.

Wir hatten Glück, kriegten sofort eine Fähre, und als wir auf der anderen Seite waren, gaben wir dem Mann etwas Trinkgeld. Kaum ein Auto auf den Straßen, kein Spaziergänger zwischen den Feldern. Irgendwo rief ein Kuckuck, was die Stille noch mehr betonte, Kühe scharten sich um eine Melkstation, und die Schwalben flogen tief. Doch Papa schien das gar nicht zu sehen. Die erloschene Zigarre zwischen den Fingern, starrte er vor sich hin und achtete kaum auf den Weg. Eine Weile fuhr ich neben ihm, ohne daß er etwas sagte. Dann ließ ich mich wieder zurückfallen.

Mein Bruder trat wie ein Geisteskranker in die Pedale. Er fuhr weit vor uns, und wenn er eine größere Übersetzung gehabt hätte, wäre er wohl schon zu Hause gewesen. Ich rief nach ihm, denn mir wurde langsam kalt, doch er hörte mich nicht. Seine schmutzigen Knie hebelten rauf und runter, die Wirbelsäule schien sich zu schlängeln unter dem Hemd, die Scheitelhaare wippten, und ich klingelte und pfiff: keine Reaktion.

Da legte ich ebenfalls los mit meinem Esel, im dritten Gang, eigentlich ein Witz. Obwohl es flach war, fuhr ich bergauf und kriegte fast Krämpfe in den Waden. Doch als ich endlich neben ihm war, tat er, als wäre ich Luft. Die Augen groß, die Lippen zu einem Strich zusammengepreßt, umklammerte er den Lenker so, daß seine Knöchel weiß hervortraten. »Halt an, kleiner Spinner! Ich brauch meine Jacke.«

Aber er wurde eher noch schneller und schüttelte den Kopf. »Geht nicht.«

»Was? Wieso? Du bremst jetzt, oder ich ramm dich in den Graben!«

Er keuchte leise, verzog das Gesicht. »Ich kann nicht, Mensch. Wir sind doch gleich da. Wenn ich runterschalte, springt mir die Kette raus.«

»Seit wann denn das? Hast du plötzlich die Schweinepest, oder was ist los in deinem Kopf? Anhalten, sag ich! Oder reich mir die Wolljacke rüber!«

Fast berührten sich unsere Lenker. Er machte zwar einen Ausweichversuch, Grünzeug rasselte durch seine Speichen, kleine Zweige, und eine Schrecksekunde lang dachte ich daran, was Papa sagen würde, wenn er stürzte; doch schließlich kriegte ich sie zu fassen, meine Jacke. Zum Glück lag sie im Korb obenauf.

Angezogen habe ich sie dann aber nicht. Freihändig fahrend, band ich sie mir um die Hüften, und der Kleine wurde langsamer. Auf seiner Oberlippe und der Nase glänzten winzige Schweißperlen, und er öffnete den Mund, ohne etwas zu sagen. Er blickte mich kurz aus den Lidwinkeln an, und auch ich schwieg, obwohl ich doch einiges fragen wollte. Im ersten Moment jedenfalls. Anschreien wollte ich ihn sogar.

Doch dann starrte ich nur in den Korb, wo auf Papas dunkelblauem Pullover, einem ziemlich alten mit Reißverschluß vorn, zwei makellos runde Berliner lagen. Auf einem klebte ein Stück kandierte Ananas, auf dem anderen eine Kirsche, und bei jedem Tritt in die Pedale wackelten sie leicht, verrutschten aber nicht. Frisch sahen sie aus mit den zartbraunen Seiten und dem glänzenden Zuckerguß, doch bei genauerem Hinsehen hatte der schon Risse und Dellen, und wahrscheinlich schmeckten sie muffig. Trotzdem waren sie irgendwie ... Na ja.

Wortlos fuhren wir weiter. Luki blickte immer nur geradeaus, und mir war plötzlich gar nicht mehr kühl. Ich hatte Hunger, ehrlich gesagt; ich freute mich auf Omas Milchsuppe und die Bratkartoffeln mit Zwiebeln und Speck. Über uns die Wolkenränder wurden langsam rot, das Grün der Wiesen war tiefer als sonst, die Eider schien kaum zu fließen, und wenn der Wind über die Ähren strich, schimmerten sie so, als würden sie gleich einen Ton abgeben.

Gethsemane

... und fand sie schlafend vor Traurigkeit. Die ersten Worte morgens, der angestrichene Satz in dem Band mit Lesebändchen, einem Geschenk von Marie, und die Sonne geht auf hinter den Kastanien der Fontane-Promenade, wo noch kein Mensch zu sehen ist, kein Hund, nur eine Elster, die über den Sandweg hüpft, ihrem langen Schatten voraus. Die Uhr im Schuh neben dem Bett, der kleine Wecker aus Peru, ist stehengeblieben; dem Licht nach hätte er in einer Stunde geklingelt.

Krähen, riesige Schwärme in wechselnden Formationen, fliegen über das Haus zum Park, jeden Morgen zur Hasenheide. Die Räume hell, das Wasser fast warm, und die Zahncreme, mentholfrei, fällt nach einer kurzen Bewegung mit der Bürste aus dem Mund – ein Moment, in dem man die Augen schließt, durchatmet und noch einmal beginnt mit dem Tag, den man gestern schon überstanden glaubte.

Und fand sie schlafend. Ein Schluck Tee am Küchentisch, das Radio, zwei Minuten Nachrichten, noch heißer soll es werden in diesem Rekordsommer; die Linden an der Blücherstraße sehen staubig aus, der Kunstrasen auf dem Sportplatz wirft Wellen, und was er ausdünstet in der Tagesglut, wer möchte es wissen.

Nie ein Tier darauf, kein Vogel, keine der vielen im Buschwerk sich tummelnden Ratten.

Die Schuhe putzen, den kleinen Rucksack packen, Brieftasche, Schlüssel. Trotz der wenigen Stunden Schlaf keine Benommenheit, kein überflüssiger Handgriff, alles, sogar das Zuknöpfen des blauen, noch von Marie gebügelten Hemdes grundiert von einem Ernst, den er bisher nicht gekannt hat an sich. Er schließt ab, geht über den Flur und öffnet ihre Wohnung, zwei Zimmer, zum Hinterhof hinaus. Sie ist kleiner als seine, aufgeräumter, liegt ganz im Schatten einer Birke, und Raul betritt den Schlafraum und nimmt die Ikone von der Wand, die heilige Anna, kaum größer als eine Kreditkarte. Auch das weiße Taschentuch, in das er sie wickelt, ist gebügelt.

Bis zum Prinzenbad sind es acht Minuten; kaum Verkehr um diese Zeit, wenige Räder an der Mauer, die Kasse noch geschlossen. Etwa ein Dutzend Männer und Frauen warten vor dem Gitter, das dicke Rentnerpaar ganz vorn. Mit Kühltaschen, Zeitungen und einem kleinen Radio ausgestattet, bleiben die beiden stets bis zur Schließung des Bades um zwanzig Uhr auf der Terrasse der Cafeteria, essen und trinken unentwegt, lösen ein Kreuzworträtsel nach dem anderen und gehen nie, auch bei größter Hitze nicht, ins Wasser. Die anderen sind durchtrainierte, in Terminplanern blätternde Menschen, fast jeden Tag dieselben, die von sieben bis kurz vor acht ihre Bahnen schwimmen und dann auch schon wieder davonsausen auf Fahrrädern und Bikes mit mehr als zwanzig Gängen und elektronischen Schlössern.

Als das Gitter zur Seite schwingt, zücken alle ihre Monatskarten; einige Männer knöpfen sich bereits die Hemden auf, während sie zu den Kabinen gehen, und auch Raul wirft seinen Rucksack voraus in den offenen Schrank, Nummer dreiundfünfzig, wie immer. Badehose, Chlorbrille, Armband mit Schlüssel, und nach einer raschen Dusche, kalt, die erste Enttäuschung. Das Sportbecken ist geschlossen, Reinigungsarbeiten. Die anderen gehen murrend weiter, zu dem zweiten, unter Akazien gelegenen Pool, beheizt und tagsüber brodelnd voll, ein Kreischen, das man weithin hört. Das Wasser dort ist berüchtigt; Haare, Kaugummis, faulendes Laub und Heftpflaster mit trübroten Flecken schaukeln auf der Oberfläche. Die Schwimmer nennen es Eintopf.

Er bleibt stehen. Der Arbeiter im grauen Kittel, der das verchromte, mit einer Pumpe verbundene Gerät über den Boden des Sportbeckens zieht, runzelt kurz die Brauen, blickt aber nicht auf. Er geht Kachelreihe für Kachelreihe vor, hat nur noch drei zu reinigen, und Raul setzt sich auf die Kante der Sonnenterrasse, macht Atemübungen und starrt auf die glänzende Fläche, das Bild der Pappeln im zitternden Blau.

Den Tag und alle Möglichkeiten der Zerstörung, die er birgt, mit einem Sprung in diesen Spiegel zu beginnen, zu versöhnen, ist das einzig Richtige jetzt. Dahinter liegt das Ende der Angst: eine Glastür, ein langer Flur, Gezwitscher im Park voller Frauen in neuen Morgenmänteln, jungen Frauen, die kleine, schubbernde Schritte machen in ihren Thrombosestrümpfen und sich den Bauch halten. Es ist genug. Dahinter liegen die letzten Tränen, ein kurzer Schmerz, nach dem alles besser wird, glauben Sie uns, warum sind Sie nicht früher gekommen. Doch Marie, eine dicke Nadel im Arm, Eigenblutspende, Infektionsgefahr, Marie lacht ihr helles, fast zwölf Jahre jüngeres Lachen und zeigt ihm das Geschenk der Nachbarin, die am Vortag entlassen wurde, Totalausräumung, und die noch einmal durch den großen Klinikpark zurückgekommen war und ihr den Klee gebracht hatte, vierblättrig, vorm Tor entdeckt.

Abwehrkräfte, Antikörper, zweitausend Meter jeden Tag. Und wer sind Sie? Ein Begleiter, der immer da ist, bei jeder Untersuchung, jeder Ultraschallaufnahme, der ihr die Kontaktflüssigkeit vom Bauch wischt und sogar den Blutdruck mißt. Die Ärzte werden vorsichtig und weniger salopp, die Schwestern lächeln etwas länger, und der Anästhesist setzt sich noch einmal, als er das Wort Spinalparalyse hört. Sind Sie ein Kollege?

Weiße Wolken vor dem Fenster, ein paar Schmetterlinge, und er legt den Füllhalter auf das Bett und zeigt auf die gepunkteten Linien. Doch Marie will nicht mehr wissen, was sie unterschreibt, Marie ist müde, löffelt ihre Suppe, schluckt die Tablette, betrachtet die Rosen. Bis morgen, mein Herz. Kommst du früh? Die Schwestern in ihrem Glasverschlag winken ihm zu, und er winkt zurück mit den Formularen, nimmt den Aufzug und steckt sie in den Kasten der Verwaltung, auch das, in dem sich die Patientin im Fall des Todes mit der Sektion ihres Körpers einverstanden erklärt. Und das er ihr nicht vorgelegt hat.

Der Mann im Kittel zieht das verchromte Gerät aus dem Becken, macht einen Schritt zur Seite und beginnt die nächste Kachelreihe zu säubern. Kaum je krank, nie im Leben eine Operation, und Raul mit all dem nutzlosen Wissen, dem Rohstoff seiner Angst, er hat Menschen an viel simpleren Eingriffen sterben sehen – eine winzige Anomalie, Gewebeschwäche, der Tubus scheuert an der Halsschlagader, und plötzlich Blut, in hohem Bogen, und keiner der vielen Ärzte holt ihn zurück, den durchtrainierten Abiturienten, dem man nur den Blinddarm entfernt hatte und dessen klaffender Kehle nun ein langer letzter, nahezu wütender Laut entfährt …

Wer sagts dem Chef? Und wie viele Krankenzimmer hat er betreten, die wie dieses waren, hell, freundlich, Noldes Mohn, wie viele Haarhauben hat er den Patienten gereicht: Hallo, nun wollen wir mal, müssen Sie noch zur Toilette? Und dann braucht Marie lange, verzweifelt lange, wie ihm scheint; die Stationsschwester blickt auf die Uhr, die Schülerin gähnt und träumt aus dem Fenster hinaus, flirrendes Laub, und er nimmt das Krankenblatt und liest die Blutdruckwerte, die er längst auswendig kennt. Schließlich kommt sie, zieht die Tür hinter sich zu und betrachtet ihre Hand, die Einstiche auf dem Rücken. Öffnet die Tür noch einmal, langt in den Raum und löscht das Licht. Hab ich dir schon die Rasur gezeigt? Echt Punk. Und die Schülerin lacht und hilft ihr ins Bett.

Raul nimmt der Schwester die Haarhaube ab, auch das macht er selbst, schiebt die roten Locken unter den Gummisaum und löst, ein Tritt, die Rädersperre.

Schick siehst du aus. Doch Marie fühlt, daß er am liebsten losheulen würde, natürlich fühlt sie das und streichelt seinen Arm. Es wird gut, glaub mir, sie haben gestern noch eine Spiegelung gemacht, sogar der Professor war dabei. Alles im grünen Bereich. Wirst du dasein, wenn ich aufwache? Bist du da?

Das Rattern der Räder auf der Schwelle des Lifts, und noch aus dem Stahlschacht heraus ein Winken und Zwinkern ohne jede Angst, wie es scheint, die Wirkung der Tablette. Dann schnellt die Tür zu, und er neigt, wie sie, den Kopf zur Seite, ein letzter Blick. Adieu.

Die Zähne zusammengebissen, die Fäuste geballt, betritt er den Aufenthaltsraum, rempelt ohne Absicht ein paar Zeitschriften vom Tisch und stolpert über die Fußmatte auf den Balkon. Am Haus gegenüber eine Kinderzeichnung, Vögel ohne Schnäbel, auf dem Dach ein Helikopter, und er reißt eine Handvoll Blüten aus dem Kasten, Geranien, und schleudert sie über die Brüstung.

Wind, ein warmer Hauch, weht sie zurück. Ich bin da. Ohne zu essen oder zu trinken, das ist ein Vorsatz, den er nicht begründen kann und der doch, das fühlt er, richtig ist. Nichts essen, nichts trinken, sich nirgendwo anlehnen, weder am Stuhl noch am Türrahmen oder an der Balkonbrüstung, solange sie operiert wird. Zwei Stunden, drei. Und noch einmal zwei Stunden, die sie im Aufwachraum bleibt, und die freundliche Schwester, eine Polin, stellt ein Tablett neben den kalten Fernseher, Brote und Tee. Raul bedankt sich und rührt nichts an.

Warten. Und immer wieder das Erschrecken, wenn Lifttüren sich öffnen und eine Patientin, soeben operiert, auf die Station geschoben wird, wach oder schlafend in den tiefen Kissen und oft erst nach dem zweiten Blick zu erkennen; die Schatten der Pflanzen auf der getönten Glaswand, die den Raum vom Korridor trennt, gaukeln ihm Maries Konturen vor, und er schließt einmal kurz die Augen, als die Frau ihn fragt: Und du? Wie lange willst du hier noch sitzen?

Über zwanzig Jahre. Er war eingenickt in dem Lokal nahe der Uni-Klinik, in dem er sich betrunken hatte nach dem Entschluß, das Stethoskop für immer wegzuhängen. Nicht länger mehr Elend und Tod und die Lügen der Hoffnung, nicht länger dieses Rattenrennen in weißen Kitteln, nichts mehr von Ärzten, die über Leichen gehen, um Chefärzte zu werden ... Er wollte ausruhen, forschen vielleicht, er wollte leben, reisen – und noch einen Drink von dieser Kellnerin. Es war so dunkel in dem Laden, daß man sein Wechselgeld nicht fand, aber ihr Haar brannte in allen Spiegeln. Sie brachte ihm einen Kaffee.

Du bist es also, flüsterte sie, als sie sich zum ersten Mal küßten, nur einen Tag später, in einer Morgenstunde hinter dem Lokal, und schon damals war ihm ihr Gesicht, der Mund, die Brauenbögen und die Linie der Stirn, wie eine Schrift vorgekommen, eine jäh aufleuchtende heilige, in der die Worte geschrieben waren, die ihn für immer erlösen würden.

Zwanzig Jahre. Ein Wimpernschlag. Er hebt die Absperrung, das rot-weiße Band, setzt sich auf den Startblock, und der Arbeiter droht ihm freundlich mit dem Finger, reinigt die letzte Bahn. Und dann ist es Abend, als die Tür aufgleitet und das Bett aus dem Lift geschoben wird; als ihm das Herz plötzlich in der Kehle schlägt und er nach zwei, drei Schritten am Kopfende steht und die Schwester lächelnd Langsam! flüstert. Marie, die wach ist und ihn ansieht, staunend, um Orientierung bemüht, das ganze Gesicht ein stummes Du? Was war denn? – Marie ist so bleich wie nie, die Lippen sind von der Haut kaum zu unterscheiden, und ihre Hand, nach der er greift und die den Druck nicht erwidert, natürlich nicht, die Hand mit der Kanüle auf dem Rücken ist kalt.

Er hilft den Schwestern, das Bett im Raum zu installieren, hängt die Infusionen an den Ständer, befestigt den Drainageschlauch am Nachthemd und den halbvollen Beutel mit einer Nadel am Matratzenrand. Dann packt er die Flaschen mit der Glukose- und der Kochsalzlösung aus, je zwölf, und korrigiert den Tropfenzähler. Die Schwestern bedanken sich und lassen ihn mit Marie allein.

Sie schläft. In der Mappe mit dem Krankenblatt und den Befunden kein Operationsbericht, und er tastet nach dem Puls, der zwar rast, doch der Blutdruck ist normal. Vorsichtig hebt er die Decke an, der Bauch ist braun von der Desinfektionslösung, der Schnitt nur mit Gaze bedeckt; er liegt knapp über der rasierten Schamhaargrenze, reicht von einem Beckenkamm zum anderen, und Marie, ohne die Augen zu öffnen, fragt leise: Wie sieht es aus?

Wunderbar, sagt er erschrocken, natürlich sagt er das, du brauchst keinen neuen Badeanzug. Sie haben horizontal geschnitten und nur die unteren Hautschichten genäht; die obere ist geklebt. Keine Einstiche. Die Narbe wird fast unsichtbar sein.

Sie räuspert sich, schluckt; noch darf sie nichts trinken. Die Lippen sind rauh. Und weißt du, haucht sie, was sie mir vor der Spiegelung sagten? Was sie entdeckt haben?

Er schweigt, wartet, doch da ist sie schon wieder eingeschlafen; das Schmerzmittel, von dem noch zwei Ampullen auf dem Tisch liegen. Hellrot tropft die Spülflüssigkeit aus dem Schlauch, der in einem Loch neben der Naht steckt, Wasserstoff und Blut, wenig nur, der Tinteneffekt. Die Werte jedenfalls sind okay, auch wenn er den Zeitpunkt der letzten Entnahme nicht lesen kann, der Stempel ist verwischt, und er setzt sich auf den Stuhl neben dem Bett und greift nach ihrer Hand.

Erste Rosen lassen die Köpfe hängen, und trotz des offenen Fensters ist es still; kaum noch Menschen in dem Park, nur aus der Kinderklinik gegenüber das leise Klappern von Geschirr und Besteck, und eine Katze streift langsam über die Wiese, durch den dicken Klee.

Raul betrachtet die Schlafende, ihre helle Stirn, die Sommersprossen unter dem rotgoldenen Haaransatz. Die Nase ist im oberen Teil leicht gebogen, ein Fahrradunfall in der Kindheit, der Schwung der Lippen kommt ihm seit jeher florentinisch vor, und er denkt an die Zeit, die sich auch in dieses Gesicht eingeschrieben hat, das zwar um einiges jünger ist als er – aber um wieviel Liebe erfahrener. Einer Liebe, deren unbeirrbare Sicherheit und Selbstverständlichkeit ihn immer verblüfft und oft beschämt hat; die fast alles hinnahm, jeden Verzicht, jede seiner Launen, seiner Ungerechtigkeiten und Brutalitäten; einer Liebe, die immer weiser war als sie beide und selbst die schwersten Prüfungen überstand. Als er sie nach einer Trennung von fast acht Monaten, in denen sie weder miteinander gesprochen noch korrespondiert hatten, kleinlaut und nicht ganz nüchtern anrief – er stand in einer Hotelbar in Swansea, Wales, und das Pharma-Unternehmen, für das er den Messeaufbau leiten sollte, hatte ihn gefeuert –, sagte sie nur: Das wurde auch Zeit! Viel länger hätte ichs nicht ertragen.

Und jetzt der Schmerz, das trockene Schlucken, die Züge um den Mund vertiefen sich, und er sägt die Ampulle auf, spritzt das Mittel in den Infusionsschlauch. Irgendwo hinter dem Haus geht die Sonne unter, die Fenster gegenüber spiegeln das Licht, ein Reflex davon liegt auf Maries Wangenknochen, der Halsgrube, und hier und da schimmert etwas Flaum, eine feine Spirale neben dem Ohr. Ruhig der Atem, lautlos fast, und nach einem langen Blick in ihr Gesicht, den sie wie immer spürt, denn die Lider zucken, küßt Raul ihre Stirn, die schon nicht mehr so kalt ist, hängt eine neue Infusion an den Ständer und schließt leise die Tür.

In dem Glasverschlag ist niemand, und er betritt das Büro dahinter und fragt die Schwester, die rauchend in Papieren blättert, nach dem Operationsbericht. Die nickt zwar, sieht aber nicht auf. Sie sind weder Ehemann noch Verwandter, stimmts? Dann darf ich Ihnen leider nicht viel sagen. Alles soweit in Ordnung. Ein recht normal verlaufener Eingriff. Außer vielleicht ...

Sie schiebt die Mappe ins Regal, und er macht einen Schritt auf sie zu. Außer was!

Die Zigarette riecht nach Menthol. Nun ja, hellhäutige Rothaarige bluten sehr stark bei Operationen, deswegen die Abnahme davor. Aber bei Ihrer Freundin war das anders. Da gabs kaum was zu tupfen, ehrlich gesagt. Muß wohl an der Mondphase liegen ... Und den Rest soll sie Ihnen selbst erzählen, fügt sie mit herbem Schmunzeln hinzu, und erst jetzt sieht Raul das Schild am Kittel und daß die Frau, die er mit Schwester angesprochen hat, Stationsärztin ist, der Nachtdienst.

Er fährt mit dem Bus nach Kreuzberg zurück, in die Bergmannstraße, wo er im Milagro etwas ißt und zwei Gläser Rotwein trinkt. Obwohl es die schönere Strecke ist, spaziert er auf dem kurzen Weg nach Hause nicht an den Kirchhöfen vorbei. Er legt sich auf Maries Bett und sieht fern. Doch dann wird er müde, alle Glieder tun ihm weh, und er geht über den Flur in seine Wohnung, putzt sich die Zähne, löscht das Licht. Kühler ist es geworden, die alten Dielen knacken. Matt schimmert der Goldschnitt an dem Buch. Kannst du nicht eine Stunde mit mir wachen?

Und kurz vor Mitternacht dann das Klingeln, der Anruf einer Frau, die er schlafbenommen für Marie hält. Er stößt die Leselampe um, verheddert sich in der Schnur. Marie? Dann erkennt er die Stimme der polnischen Schwester: Ich dachte, ich ruf Sie noch rasch an. Eine Revision. Kein Grund zur Sorge, nicht einmal dringend, aber eine Revision. Gleich um neun, als erste Patientin. Was kann ich ihr sagen? Werden Sie dasein?

Er blickt zur Uhr über dem Kassenhaus und stellt sich auf den Startblock. Wenn er nur tausend Meter krault und anschließend ein Taxi nimmt, ist es zu schaffen. Der Mann im Kittel zieht an dem drahtumwickelten Schlauch, rollt ihn um den Motor, und er setzt sich die Chlorbrille auf. Völlig glatt und unberührt liegt die Wasserfläche da und erscheint in ihrer Reglosigkeit fast konvex, so daß Raul, schon vorgeneigt zum Sprung, momentlang nicht weiß, ob der Himmel mit den plötzlich wieder auftauchenden Vogelschwärmen über oder unter ihm ist. Und kaum sieht er das Sauggerät, das Blitzen der verchromten Haube, stößt er sich ab von dem Block und taucht am Ende seines langen Schattens in das Wasser, das nicht kalt ist und nicht warm, nicht klar und nicht trüb, das überhaupt kein Wasser ist in diesem Moment, sondern irgend etwas Gleißendes, so wie der Schrei auf der anderen Seite nichts als die Stille im Herzinnern ist, sternweiter Raum, in dem eine zarte Stimme verklingt.

Das plötzliche Erkennen einer besonderen Frau. Die helle Formulierung eigener Dunkelheiten und der verblüffende Einklang in Dingen, von denen man geglaubt hatte, lebenslang mit ihnen allein bleiben zu müssen. Die Kraft und die Wärme in der Nähe eines immer zuversichtlichen und glücksbereiten Menschen und die schöne Trauer auf dem Grund seines Lächelns ...

Als Raul gegen halb neun auf die Station kommt, steht die Tür zu Maries Zimmer offen. Das Bett ist leer, und ein Mann in einem Overall putzt das Fenster und nickt ihm zu. Pflasterstreifen kleben am Matratzenrand, ein paar Gummihandschuhe und der Plastikbeutel mit der

Spülflüssigkeit liegen im Bad. An der Seife ein einzelnes rotes Haar, auf dem Nachttisch das Krankenblatt und jenes Formular, das er ihr zur Unterschrift nicht vorgelegt hat, ein Fragezeichen hinter der gepunkteten Linie, und einen Moment lang – der Mann kippt das Fenster, Passanten spiegeln sich im Glas – glaubt er ihren Umriß zu erkennen auf dem eingedrückten Kissen, den Hauch einer Kontur.

Rehe am Meer

Der Anruf kam am späten Abend, während ich meine Tochter wickelte. Die Nummer auf dem Display war mir fremd, und ich klemmte den Hörer in die Halsbeuge und öffnete Alinas Puderdose, zog die Folie von den Löchern.

Eine Männerstimme, sonor, aber müde; der Geschäftsführer der Firma in Kappeln, die mir Anfang der Woche abgesagt hatte. Es war fast acht, doch schien er noch im Büro zu sein. Ich hörte Faxgeräte oder Drukker, und er fragte höflich, ob er störe. »Aber nein«, sagte ich und versuchte ironisch zu klingen. »Lassen Sie mich nur grad die Windel entsorgen.«

»Ach Gott.« Er räusperte sich. »Die Kleinen ... Wir haben auch noch so'n Spätling gekriegt. Schon süß, nicht wahr? Und macht viel Freude. Aber plötzlich muß man wieder auf der Terrasse rauchen.«

»Und das bei den Temperaturen«, sagte ich grinsend, und er schwieg einen Moment und blätterte in Papieren.

»Na ja, bin eh kaum zu Hause.« Dann kam er zur Sache. Meine Konkurrentin habe in einem gewissen Punkt falsche Angaben gemacht und den Test manipuliert und dürfe also nicht eingestellt werden. Falls ich bereit sei nachzurücken, könne er mir einen

Gesprächstermin am nächsten Morgen anbieten, um neun.

Alina biß in die Telefonschnur, sabberte sie voll, und ich zog ihr die Hose an und knöpfte das Hemd zu. Es hatte ein Loch im Ärmel. »Okay, das könnte gehen. Soll ich meine Unterlagen noch mal mitbringen?«

Er tippte etwas in seinen PC. »Ihre was? Wieso? Die haben wir doch hier. Ich sehe die ganze Zeit in Ihre hoffnungsvollen Augen und frage mich, welcher der neuen Geldscheine so blau ist. Wissen Sie's?«

Ich knipste die Spirale über dem Wickeltisch aus. »Keine Ahnung. Im Zweifelsfall immer der größte.«

Da lachte er heiser. »Das wollte ich hören!« Dann legte er auf, und ich hob die Kleine ins Bett und hielt ihr das Mobile mit den Glöckchen hin. Doch sie war schon müde, und nachdem ich ihr leise »Stern über Bethlehem« und »Lauf, Jäger, lauf!« vorgesungen hatte, schlief sie ein.

Ich ging durch den winzigen Flur in mein Zimmer und holte das Nadelstreifenkostüm aus dem Schrank, und während ich es bügelte, überlegte ich, wen ich anrufen könnte. Karin, meine beste Freundin, war mit ihren Kindern in Tirol, skilaufen, Hanne lag im Krankenhaus, und zu der Nachbarin im elften Stock, einer Tschechin in meinem Alter, mochte ich Alina nicht mehr geben. Sie war verrückt nach dem Kind, das schon; es durfte bei ihr die Türen bemalen. Aber neulich im Aufzug hatte sie nach Schnaps gerochen.

Ich trat auf den Balkon, zog die Decke von der Waschmaschine und nahm das weiße Zeug heraus. Große Flocken schwebten durch den Lichtschein, der aus den Fenstern der umstehenden Wohnblocks fiel, und die lockeren Haufen auf den Laternen sahen aus wie Mützen. Ich drückte die Tür wieder zu, und während ich einen Knopf an meine Lieblingsbluse nähte, war plötzlich der Duft von Kuchen im Zimmer, vielleicht auch nur die Erinnerung daran, und ich mußte an Frau Lohan denken, an ihre Bleche voller Hefezöpfe und Makronen. Sie würde die Kleine für ein paar Stunden nehmen, keine Frage, und ich brauchte nicht mal einen Umweg zu machen. Immer noch wußte ich ihre Telefonnummer auswendig.

Am nächsten Morgen hatte ich starke Halsschmerzen, konnte kaum schlucken. Ich nahm ein paar Aspirin, zog die gefütterten Stiefel an und steckte mir Pumps in die Manteltaschen. Während ich den Schnee von meiner Rostlaube fegte, hielt Herr Rahn, der Hausmeister, Alina auf dem Arm. Er machte alberne Trillerlaute und ließ seinen Bierbauch wippen, aber das Kind lächelte nicht. Es sah ihn aufmerksam an und befühlte die Stoppeln in dem roten Gesicht.

Die Zündung funktionierte, und ich blickte in den Spiegel. Das unbeschneite Rechteck war voller Öl. Langsam fuhr ich Richtung Stadtautobahn, wo man wohl Salz gestreut hatte; die Nässe schmatzte unter den Reifen, und die Lastwagen, die mich überholten, sorgten dafür, daß ich kaum noch etwas erkennen konnte durch meine Scheibe. Erst jenseits des Industriegebiets sah ich wieder den Himmel, ein zartes Blau über kahlen Wäldern und Äckern mit vereinzelten Hasenspuren, und auch sie schienen in der Tiefe bläulich zu sein. Alina, in ihrem Kindersitz, schlief.

Die Holunderbüsche längs der Straße ins Dorf waren gerodet, auf Schildern bot man Baugrund an. Doch sonst hatte sich nichts verändert. Vor dem Haus stand die verbeulte Mülltonne, und aus dem Schnee im Garten ragten die Flügel einer Windmühle aus Stein und eine buntbemalte Pumpe. Als wäre überhaupt keine Zeit vergangen, trug Frau Lohan immer noch die Schürze mit dem Lilienmuster.

Lächelnd hielt sie mir die Tür auf, und ich konnte durch den Flur bis ins Wohnzimmer sehen und weiter: Hinter dem großen Fenster, das nur im oberen Viertel eine Gardine hatte, begann schon nach wenigen Metern der Wald. Ein Geräteschuppen stand davor, und ein vermooster Zaun hielt das Wild ab. Trotzdem kamen immer wieder Rehe ans Haus, besonders im Frühsommer, und fraßen die Knospen von den Rosen. Ich nahm Alina die Mütze ab. »Wie gut es bei Ihnen riecht! Haben Sie gebacken?«

Frau Lohan hängte die kleine Daunenjacke an die Garderobe. »Ach wo. Für wen denn? Mich besucht ja keiner mehr. Möchten Sie Kaffee?«

Ich zog meinen Mantel nicht aus. Auf den Sesseln lagen Spitzendeckchen, und die dicke violette Kerze, die in einem Gesteck aus Kiefernzweigen auf dem Tisch brannte, spiegelte sich dünn in der verchromten Kanne. Die Standuhr schlug acht. »Besser nicht. Ich muß weiter.«

Frau Lohan streichelte Alina die Wange mit dem Handrücken, setzte sie aufs Sofa und nestelte an ihren Schuhbändern. Doch die Kleine, noch verschlafen, blickte sich ängstlich um. Sie schob die Unterlippe vor, und ich ging in die Hocke. »Ist ja gut, mein Liebling, ganz ruhig. Hier warst du schon, erinnerst du dich nicht? Mama kommt gleich wieder.«

Sie zerrte am Saum ihres Nickis und schüttelte den Kopf, der plötzlich rot wurde. Erste Tränen liefen über ihre Wangen. Frau Lohan öffnete einen Schrank. »Wie alt ist sie jetzt? Zwei?«

»Na, fast drei. Und will immer noch nicht sprechen. Kein Wort. Dabei ist alles in Ordnung – sagen jedenfalls die Ärzte.«

»Ach, das kommt. Wird sowieso zuviel gequasselt in der Welt.«

Sie reichte Alina ein paar Glas-Untersetzer aus Kork. Aber die wischte sich die Augen mit ihren winzigen Fäusten und reagierte nicht. Erst als ich die Scheiben Stück für Stück im Halbkreis vor sie hinlegte, hörte sie auf zu weinen, betastete sie neugierig und schob sie wieder zusammen. »La!« sagte sie, und Frau Lohan zog ihr die Schuhe aus.

»Na bitte. Das war ja schon fast eine Ansprache.«

»Aber hallo. Und wenn sie La, *la*! sagt, müssen Sie ihr etwas vorsingen. ›Lauf, Jäger, lauf!‹ zum Beispiel.«

»Oh Gott! Mit meiner vergrabenen Stimme?«

Sie brachte mich zur Tür, zupfte mir irgendwas vom Kragen. Um ihren Mund herum glaubte ich einen Hauch von Bitternis zu sehen, doch die Augen waren voller Güte. »Na dann: viel Glück, Frau Doktor. Ist jedenfalls eine solide Firma. Mein Mann hat da jahrelang den Rasen gemäht. Und wenn Sie zurückkommen, gibt es frischen Butterkuchen.«

Ich knöpfte mir den Mantel zu, öffnete den Wagen. Frau

Lohan musterte ihn zwar, blickte auch auf das Rad mit der fehlenden Kappe, sagte aber nichts; sie kramte in den Schürzentaschen. Dann wies sie mit einer Kopfbewegung in die Richtung, aus der ich früher oft gekommen war. »Und? Ist denn jetzt alles überstanden?«

»Mehr oder weniger«, sagte ich. »Es gibt noch einen Termin mit den Anwälten. Aber dann gehts vor Gericht.«

Sie nickte kaum merklich und fuhr sich über die Haare, ganz vorsichtig, wie es ältere Frauen tun. »Ach, Kindchen ... Das ist alles so traurig, oder? Aber vielleicht haben Sie ja recht. Wenn ich an meinen ollen Blubberkopp denke! Über vierzig Jahre waren wir zusammen, und manchmal wäre es wirklich einfacher gewesen, sich zu trennen. Aber dann ist es plötzlich zu spät.« Sie hob eine Hand. »Also, nicht vergessen: Butterkuchen!«

Einen Fuß schon im Auto, konnte ich an ihr vorbei ins Wohnzimmer sehen. Alina saß still zwischen den Kissen und hatte die Untersetzer vor sich hingelegt – immer abwechselnd einen runden und einen eckigen, in schnurgerader Reihe. Dann startete ich den Motor und fuhr langsam durchs Dorf.

Das Schloß, eigentlich nur ein Gutshaus und früher auf dem Etikett einer Suppenmarke abgebildet, war umwuchert von Gestrüpp. Kein Putz mehr am Turm, die Fenster und Türen mit Spanplatten vernagelt, die Ställe zerfallen. In der alten Meierei befand sich ein Getränkemarkt, und ich überquerte den kleinen Platz mit dem verschalten Brunnen und bremste vor der Zufahrt zur Kastanienallee. Doch konnte ich nichts erkennen zwischen den dicken, vor Alter schrundigen Stämmen.

Auch auf den Nachbargrundstücken hatte man inzwischen gebaut, und da ich nirgendwo ein Auto sah, geschweige denn einen Menschen, bog ich in die Straße und hielt vor der Einfahrt zur Kellergarage. Weiß, ein einstöckiger weißer Kubus mit Dachterrasse, ein kleines Haus mit großen Fenstern, nichts Besonderes. Man wäre wohl achtlos daran vorbeigefahren, hätten nicht die grellroten Schilder mit der Handynummer hinter den Scheiben geklebt, schon fleckig vom Kondenswasser. Auf dem Weg zur Haustür ein paar Vogelspuren, und ob der Garten nun angelegt war, ließ sich nicht erkennen unter dem Schnee. Neue Bäume gab es jedenfalls nicht.

Viel zu lange saß ich reglos im Auto und betrachtete das Haus. Ich fühlte mich ein bißchen fiebrig. Das Orange der überjährten Beeren an dem Sanddorn, den wir als erstes gepflanzt hatten, schien im Innern fast weiß. Der verchromte Kaminstutzen funkelte in der Wintersonne, und wenn eine Böe den Rauch nach Westen trieb, fiel sein Schatten über die Fassade. Schließlich stieg ich aus und ging zur Tür. Kein Name an der Klingel, und ich stapfte um die Box mit den Plastiktonnen herum in den hinteren Teil des Gartens, wo noch ein Mörtelmischer stand. Das Wasser in der Trommel war gefroren, die Finger eines Arbeitshandschuhs ragten aus dem Eis.

Auch auf der Terrasse Vogelspuren, größere jedoch, mit Schwimmhäuten zwischen den Krallen. Ich trat vor die Tür aus getöntem Glas, beschirmte die Augen und konnte erkennen, daß das Wohnzimmer leer war; ein Kanister Holzseife stand im offenen Kamin, und im Eßzimmer lehnte eine Leiter. Hier und da fehlten Bodenleisten, doch sonst sah alles sauber und perfekt aus, bezugsfertig, wie man wohl sagt, und ich ging zur nächsten Fenstertür, hinter der sich die Küche befand. Die Schränke und der Arbeitstisch waren aus Edelstahl, mit Schutzfolie noch, und als ich meinen Atem von der Scheibe wischte, hörte ich hinter mir etwas knacken. Es klang, als wäre jemand auf eine gefrorene, unterm Eis hohle Pfütze getreten, und ich drehte mich um.

Der Mann im Garten des benachbarten Neubaus hielt eine Katze auf dem Arm, kraulte ihr den Nacken. Er war ziemlich dick, trug einen Seemannspullover und eine Hose aus Cord, und seine borstigen Haare schimmerten silbrig. Ich hatte ihn noch nie gesehen.

»Interessieren Sie sich für das Haus?«

Mit den Schultern zuckend, nickte ich doch, und er kam näher. Das Grün in den Augen der Katze wurde gelblich, sie trug ein Flohband mit Glöckchen, und als der Mann mir die Hand gab, fühlte ich, wie kalt meine Finger waren. »Orbach heiß ich. Wohne da drüben. Wenn Sie es besichtigen wollen ...« Er griff in seine Hosentasche. »Hab 'n Schlüssel.«

»Vielen Dank.« Obwohl ich wußte, wie spät es war, sah ich auf die Uhr. »Ich bin einfach nur neugierig. Vielleicht später einmal.«

»Ach was! Nun sind Sie doch da! Muß schließlich dafür sorgen, daß ich nette Nachbarn kriege, oder? Und so eine elegante junge Dame ...« Er zwinkerte theatralisch, und ich lachte und trat einen Schritt zurück. Mein Lippenstift fiel mir ein.

Mit der Zunge fuhr ich über die Schneidezähne, und der Mann zog das Bund aus der Tasche, das ich selbst oft in der Hand gehalten hatte; der Anhänger war aus Olivenholz. Mit dem kleinsten der Schlüssel öffnete er die Terrassentür und machte eine einladende Geste. Er roch nach Nikotin. »Aber bitte die Schuhe ausziehen. Die Böden sind noch nicht versiegelt.«

Auch er streifte seine Galoschen ab, bückte sich und setzte die Katze, die glänzend schwarz war, auf das Parkett. Sie schnupperte kurz an einem Lederlappen, ehe sie den Raum durchquerte und im Eßzimmer verschwand. Dabei maunzte sie leise, und schon kam mir das Haus bewohnt vor.

Der Wärmeregler neben der Tür war inzwischen angebracht, doch in der Küche fehlte immer noch die Abzugshaube, und im Gästebad hatte sich eine Kachel gelöst. Unter der Holztreppe stand ein kleines Regal voller Aktenordner, die meisten noch von mir beschriftet; Verträge, Pläne, Gewährleistungsfristen. Darauf lag ein Musterheft für Markisenstoffe, und ich blieb im Flur stehen und blickte in die Höhe.

»Ganz nett, oder?« Der Mann zog ein paar Prospekte und Zettel aus dem Briefschlitz in der Tür, knüllte sie zusammen. »Naja, mir wärs 'n bißchen zu nüchtern, ehrlich gesagt. Ich bin mehr fürs Romantische, ein Rundbogen hier und da, schöner Stuck, geschwungene Klinken. Aber wers mag, warum nicht.« Er rieb sich den Nacken. »Zu Ihnen würds passen, hab ich gleich gesehn.«

Ich stieg ins Obergeschoß hinauf, und er warf das Papier in einen Karton. »Übrigens, falls Sie sich wundern, daß Sie nirgends Heizkörper finden – das ist Trick siebzehn hier. Alles unterm Putz, verstehen Sie. Also, ungefähr wie Fußbodenheizung ...« Die Stufen dröhnten unter seinen Schritten, schwer atmend erreichte er das Podest. »... aber in der Wand. War mir auch neu, daß es so was gibt. Ich find Heizkörper irgendwie gemütlicher. Da kann man sich mal anlehnen und Socken drüberhängen, stimmts? Aber vom Klima her solls besser sein. Sagt jedenfalls der Architekt.«

Die Hände in den Manteltaschen, blickte ich mich im Kinderzimmer um. Es war größer als der Schlafraum, fast doppelt so groß, und wir hatten es wegen möglicher Flecken und Kratzer mit Linoleum ausgelegt. Auch hier fehlten noch Bodenleisten, und ein Lichtschalter war nicht verblendet.

Der Mann trat über die Schwelle, kreuzte die Arme vor der Brust und blickte mit mir auf die Wand neben dem Fenster, auf die Abdrücke dort. Die Farbe verdeckte sie nur schlecht. »Tja«, sagte er, »das sieht jeder sofort ... Können Sie getrost als Kinderei verbuchen.« Er schüttelte den Kopf. »Albern, oder? Was meinen Sie, was so ein Quadratmeter frischer Lehmputz kostet. Und dann drücken die – Vater, Mutter, Baby – ihre Pfoten da rein! Für die Ewigkeit wahrscheinlich. Aber die ist ja nun auch vorbei.«

Er stieß etwas Luft durch die Nase und sah mich an. Die strahlenförmigen Fältchen an seinen Augenwinkeln waren heller als die Gesichtshaut, und der Blick kam mir vor wie Metall. »Stimmt was nicht mit Ihrer Wimperntusche?«

»Oh ja? Kann sein ...« Ich wendete mich ab. Meine Finger zitterten. »Die ist nicht gerade wetterfest.« Das schwärzliche Wasser lief mir über den Handrücken, und rasch zeigte ich auf die Spindeltreppe. Sie war aus dickem Plexiglas. »Und wohin führt die?«

Doch er musterte mich noch einen Herzschlag lang; erst dann drehte er sich um, kramte erneut nach den Schlüsseln in seiner Tasche und sagte: »Jaha! Das möchten Sie wissen, was? Das ist der Clou. Kommen Sie mal mit!«

Grinsend stapfte er voraus. Ich klappte meine Puderdose auf und besah mich im Spiegel. Auf dem Tempotuch, mit dem ich die Augen abtupfte, zeichneten sich ein paar Wimpern ab, und ich legte es unter die Treppe und folgte dem Mann auf das schmale Podest. Die Stahltür war inzwischen gestrichen worden, doch er hatte Schwierigkeiten, sie zu öffnen. Der Schnee auf der Dachterrasse lag hoch, und er mußte sich mit seinem ganzen Gewicht dagegen stemmen. Dann trat er einen Schritt zurück und wies mit großer Geste ins Freie. »Na? Ist das ein Blick?«

Jäher Wind fuhr mir ins Haar, und ich stellte mich auf die Fußmatte. In sanft abfallenden und nur hier und da von Hecken, Bäumen oder einem Reetdach unterbrochenen Wellen erstreckte sich das übersonnte Land, die Weiden und die weißen Äcker, bis zum Meer. Nirgendwo ein Mensch, doch aus den kleinen, weit voneinander entfernt stehenden Häusern mit den krummen Schornsteinen stieg Rauch in den Himmel, verflüchtigte sich im Blau. Auch die Brandung war nicht zu sehen. Riesige, bizarr gezackte Haufen Packeis hatten sich davor aufgetürmt, ein endlos langer, im Innern hier und da türkisfarbener Wall, von verwehtem Schnee überstäubt. Ein paar Möwen saßen darauf.

Ich atmete tief, fühlte die eisige Luft in den Lungenspitzen, und die kurzen Fasern der Matte, Kokosfasern, stachen durch meine Strümpfe. Doch ich dachte nicht an eine Laufmasche und streckte den Arm aus, zeigte zum Strand. »Sehen Sie nur! Sehen Sie, da!«

Er lachte auf, es klang ein wenig onkelhaft. »Ja doch, junge Frau. Das ist die Ostsee. Die kriegen Sie gratis dazu.«

»Aber davor. Davor!«

Er nickte. »Packeis. Kein Wunder bei den Temperaturen. Das schiebt sich schon seit Tagen hoch und höher, zerstört die Stege, und nachts können Sie's krachen hören bis hierher. Gott sei Dank liegt mein Boot im Schuppen.« Er kratzte sich den Bauch. »Oder was meinen Sie?«

Ich trat über die Schwelle. »Sehen Sie es denn nicht? Da gehen Tiere vor dem Eis, Rehe! Sechs, nein, sieben Stück!«

Der Mann blinzelte. »Tja, kann sein. Hab meine scharfe Brille nicht da. Die wissen, daß sie nicht gejagt werden jetzt. Die trotten zum Ufer und suchen nach Algen und so. Oder sie lecken das Meerwasser-Eis. – Aber hören Sie mal, was soll denn das? Sie haben doch gar keine Schuhe an! Wollen Sie sich was holen?«

Doch ich ging weiter durch den Schnee, der harsch war hier auf dem Dach und wie vom Wind geschliffen;

er knarzte unter meinen Schritten, ich brach bis zu den Waden ein. Irgendwo schien man Holz zu verbrennen, Buchenscheite, vielleicht auch zu räuchern, ein guter Geruch, und ich trat vor die Brüstung und umklammerte die Geländerstange mit beiden Händen.

Ohne jede Eile gingen die Tiere hintereinander über den Strand. Die lange Reihe ihrer Hufabdrücke wurde schon wieder verweht, und nur manchmal blickte sich eines von ihnen um oder schnupperte im Schnee. Ihr Fell war mehr grau als braun, mit hellen Flecken unterm Sterz, die Nasen schimmerten schwarz, und als eines einmal den Kopf in den Nacken bog, als sähe es in den Himmel, glaubte ich die Atemfahne zu erkennen. Jenseits des Packeises, auf dem dunkelgrünen Wasser mit den schwankenden Schollen, zogen Tanker und Frachter und mehrstöckige Autofähren ihre Bahnen von West nach Ost und umgekehrt, und hinter mir murmelte der Mann etwas, das ich nicht verstand. Ich schloß einmal kurz die Augen. »Rehe …«, sagte ich leise und mußte schlucken. Der Wind schmeckte salzig. »Rehe am Meer?«

Ein Bock war dabei; sein Gehörn war seltsam dick und rund an den Spitzen, als wäre es mit Samt überzogen. Die Sonne schien schwach an dem Morgen, und die breit über den Strand gefächerten Schatten der Tiere, nur hauchgrau, schoben sich ineinander und trennten sich wieder. Ein bißchen Dünengras schimmerte goldfarben, Gischt flog auf hinter dem knirschenden Eis, den glasklaren Zapfen an den Rändern der Schollen, und dann wischte ich mir noch einmal über die Lider und drehte mich um.

Die Mantelsäume schleiften über den Schnee, und der Nachbar zog die Brauen zusammen und klimperte mit den Schlüsseln. »Na bitte, jetzt haben Sie nasse Strümpfe gekriegt!« Kopfschüttelnd zeigte er auf meine Füße. »Da sieht man schön Ihre Spuren im Haus.«

Willst du Nudeln?

Sturm hatte Laub ans Fenster geweht in der Nacht, Birkenblätter, die an den Scheiben klebten. Es war noch keine sieben Uhr, als sie ihre Schwester anrief; trotzdem nahm Elisabeth gleich ab und meldete sich auch nicht wie sonst, mit dem Familiennamen; sie sagte nur »Ja?«, und das klang, als hätte sie schon gewartet.

»Hallo, ich bins.« Andrea hörte einen Pfiff in der Ferne, Quietschen, Hämmern, Stahl auf Stahl; ihre Schwester wohnte am Leipziger Bahnhof. »Hab ich dich geweckt?«

»Nein, nein. Ich muß doch zum Dienst. Wie stehts mit euch? Was macht das Sorgenkind?«

»Na ja ...« Sie blies den Rauch an der Sprechmuschel vorbei und drückte ihre Kippe in die randvolle Schale. »Jetzt gehts uns besser.«

»Wieso?«

Sie zuckte mit den Achseln. Der Laternenschein vor dem Haus warf die Schatten der Blätter an die Wand, gezackte Ränder. »Hatte schon gestern so ein Gefühl. Da dachte ich: Bald sind wir übern Berg. Er schlief ganz friedlich, weißt du, und dann hat er noch mal eingeschissen, und ich hab ihm die Windel gewechselt. Wahrscheinlich hat er das gar nicht registriert, brabbelte nur vor sich hin. Und gegen Mitternacht, ich sitze

128

im Sessel mit meinem Gogol und einem Glas Tee, da sieht er mich plötzlich an, und seine Augen sind so groß und klar ... O Gott. Wann hab ich sie das letzte Mal so klar gesehen, Elli. Wunderschön. Mein Kleiner, hab ich gedacht, lieber Junge, aus welcher Welt schaust du mich an. Und dann begann er zu weinen. Ganz leise noch, die Tränen liefen einfach so runter, und ich setz mich zu ihm und sag: Was ist denn, ich bin doch da! Keine Angst. Wer wird denn weinen ... Trösten konnte ich noch nie. Und plötzlich schluchzte er laut, richtig geschüttelt hat es ihn, und wollte gar nicht mehr aufhören. Er krallte sich an meiner Wolljacke fest, riß mir fast die Knöpfe weg, und ich war so hilflos ... Ich sagte immer nur: Ist ja gut, mein Bester, bin doch da! He, ich bin hier! Und streichelte ihm den Kopf. Fast hätte ich selbst geheult. Aber dann beruhigte er sich wieder und schlief ein. Ganz gelöst sah er aus, und da wußte ich: Jetzt ist es bald überstanden.«

Sie trank einen Schluck von dem kalten Tee. »Mist, meine Zigaretten sind alle ... Weißt du, am Nachmittag hat er sogar gesprochen, leise erst; ich mußte das Ohr an seine Lippen halten. Süßes wollte er, und das Keyboard sollte ich ausstellen und abdecken. Dabei lag mein Seidentuch drauf, wie immer. Und dann kratzte er sich überall und sagte: Wenn ich bloß einen Weg für uns wüßte. Die schließen uns doch wieder weg. Laß uns endlich abhauen, Mensch! – Da dachte er wohl, wir wären noch in Golm.«

Ihre Schwester räusperte sich. »Andi?«

»Nein, warte ... Wir haben sogar gelacht. Denn plötzlich will er aufstehen, das stell dir vor. Seit Wochen zum ersten Mal. Ich frag: Was ist denn mit dir los? Und er: Du mußt was essen. Was Warmes. Ich werd dir was machen. Dabei zieht er sich so an der Lehne hoch. Du spinnst wohl, sag ich und fass' ihn bei den Schultern. Bleib liegen! Mein Gott, diese Schultern ... Was war das für ein Brummbär früher, weißt du noch? – Aber er wehrte sich, wollte partout in die Küche. Mit beiden Händen hab ich ihn zurückgedrückt, und er grinste durch den dummen Bart hindurch, richtig ironisch sah das aus, und sagte: Wer soll denn für dich kochen, kleiner Freßsack? Dir brennt ja sogar Wasser an. Und dann, ganz leise: Nudeln, Andi? Willst du Nudeln?«

Sie räusperte sich. »Mein lieber Mann ...«

Ihre Schwester atmete tief. »Wann ist er gestorben?«

Andrea schwieg. Sie nickte nur, als könnte die andere sie sehen, zerknüllte die leere Schachtel.

»He, Mädchen, hörst du mich?«

»Was? Ja. – Ich weiß es doch nicht, Elisabeth. Gepennt hab ich, im Sessel, das Buch im Schoß, und als ich wach wurde, sah er ganz fahl aus, wie Wachs. Die Schläfen so eingefallen, die Augenlider grau, und ich streichelte seine Hand, und da war es mir eigentlich schon klar. Was ist, Junge? sag ich. Bist du tot? Und dann hab ich ihn geküßt, immer wieder, und keinen Atem mehr gespürt, nicht einen Hauch. Fast hätte ich ihm eine gescheuert, diesem Blödmann!«

Jetzt weinte sie, und Elisabeth schwieg. Doch schien sie aufgestanden zu sein; der Dielenboden knarrte, eine Schranktür schlug, und man hörte das Rascheln von Papier. Im Hintergrund gurgelte eine Kaffeemaschine.

»Also, paß auf: Um neun Uhr fünfzig fährt ein ICE.

Dann bin ich kurz vor zwölf in Berlin-Zoo und spätestens um halb eins bei dir. Ruh dich aus, hörst du. Leg dich zu ihm. Ich kümmere mich um alles.«

Mit dem Handrücken wischte Andrea sich die Nase. »Du bist gut. Wie soll ich mich denn zu ihm legen auf dem schmalen Sofa. Er wollte doch nicht im Bett sterben!«

»Okay, entschuldige. Hab ich vergessen. Ich bin bald da, meine Kleine. Ich ruf auf der Station an und nehme ein paar Tage frei, dann überlegen wir zusammen. Ist ja 'ne Menge Kram. Ach so, und noch was: Du mußt ihm die Augen schließen und etwas um den Kopf binden, hörst du.«

»Was muß ich? Wieso?«

»Weil sein Mund sich öffnen wird, falls er es noch nicht getan hat. Und wenn die Starre einsetzt, kriegt man ihn nicht wieder zu. Also bind ihm was um. In der Klinik nehmen wir Verbandsrollen, aber wenn du keine hast, tuts auch ein Schal. Oben auf dem Kopf zusammenknoten, schön fest. Kriegst du das hin?«

Sie blickte sich in der Wohnküche um. »Ich weiß nicht ...«

»Wie, du weißt nicht! Natürlich kriegst du das hin. Was glaubst du, wie das aussieht, wenn er ... Also, nimm einen Schal. Bis gleich, ja?«

»Danke. Und Elli?«

»Ja?«

»Rufst *du* die Mama an? Sie mochte Gerulf doch so gern, und wenn sie mir jetzt die Ohren vollheult – das halt ich nicht aus. Und wehe, sie kreuzt hier auf! Ich hab alles, was ich brauche, sag ihr das. Ich hab Tee, meine Bücher ... Sie soll bloß nicht vor der Beerdigung kommen!«

»Gut, ich ruf an.«

»Ach, und noch was: Würdest du mir Zigaretten mitbringen? Eine Stange?«

»Klar doch. Bis gleich.«

Ihre Schwester legte auf, und sie schloß die Augen. Einen Moment lang erschreckte sie die Stille in der Wohnung. Sie hatte nichts mit dem Fehlen von Geräuschen zu tun; der Kühlschrank brummte, jemand stapfte die Treppe hinunter, und man konnte die Zugluft hören, das leise Pfeifen unter der Tür. Es war etwas dahinter, und sie ging zur Flurgarderobe, wo der Trenchcoat ihres Mannes hing, und durchsuchte die Taschen. Doch fand sie bloß ein Päckchen Gizeh-Papier. Dann zog sie den Schal aus dem Ärmel und faltete ihn so, daß er ein schmales Band ergab. Er roch nach Gerulfs Tabak.

Im Schlafzimmer machte sie nur die Leselampe an. Sie trat hinter die Couch und verstellte die Jalousie, bis etwas von der Dämmerung ins Zimmer fiel. Einige Menschen durchquerten den Park, wo sogar die Laternen im Wind wackelten, mühten sich mit ihren Schirmen zur Bahn, und Andrea blickte in das Gesicht des Toten. Die Lider waren geschlossen, die Jochbeine, sonst eher zart, sahen kantig aus, und seine Nasenflügel kamen ihr fast transparent vor. Die winzigen Adern dort waren dunkler rot als am Abend, und sie konnte sich immer noch nicht vorstellen, daß das Blut darin jetzt stillstand. Mit den Fingerrücken strich sie über seine Wange.

Schließlich legte sie ihm den Schal unters Kinn und band die Enden auf dem Kopf zusammen. Der wackelte leicht, und die Lippen stülpten sich etwas vor, als wäre er zahnlos. Außerdem standen die schwarzen, hier und da geknickten Wollfransen wie Fühler von seinem Scheitel ab, und das alles sah so albern aus, daß sie momentlang daran dachte, den Knoten wieder zu lösen. Aber dann setzte sie sich auf die Sofakante, drückte die Stirn gegen die ihres Mannes und sagte leise, fast flüsternd: »Ich hab Hunger, Papa. Ich hab solchen Hunger.«

Ihre Tränen tropften in den Bart, der ihm in den letzten Wochen gewachsen war und in dem es trotz seiner fünfundvierzig Jahre kein silbernes Haar gab. Sie schniefte und zog die Decke glatt, und nachdem sie ihm die Hände mit den fast weißen, an den Monden bläulich scheinenden Nägeln über der Brust verschränkt hatte, legte sie sich in Jeans und Pullover ins Bett. Draußen nahm der Verkehrslärm zu, und auch die ersten Kinderstimmen waren zu hören, das morgenselige Geplapper auf dem Weg zur Schule, zum Bus.

Je heller es wurde, desto schärfer zeichnete sich die Silhouette des Toten ab, sein Profil, in dem ein Ernst lag, der sie frösteln ließ, als wäre nun die heimliche und doch stets vorhandene Grundierung des Lebens zum Vorschein gekommen: reine Kälte. Aber sie hatte auch etwas Wohltuendes, diese Endgültigkeit; so schrecklich mochte sie den Tod nicht mehr finden. Nur die Angst davor, die war es gewesen, und sie trocknete ihre Tränen mit dem Kissen, schob die Hände zwischen die Knie und murmelte: »So, das haben wir jetzt auch erlebt.«

Dann schloß sie die Augen, und obwohl sie einschlief, hörte sie alles: Handwerker irgendwo im Haus, eine Elster in den Bäumen, etwas wie Klaviermusik – und sogar das leise Gluckern in Gerulfs Bauch. Sie träumte von dem Internisten, seinen mächtigen weißen Brauen, und wie sie zusammenstießen über der Nasenwurzel, als er sagte: Was bringen Sie mir denn *da*? Doch bei genauerem Hinsehen erkannte man hinter dem Befund, dem gerasterten Grau auf dem Schirm des Ultraschallgeräts, ein glücklich lächelndes Gesicht.

Als es klingelte, hielt sie das für ihr Telefon und drehte sich auf die andere Seite. Doch dann klopfte jemand gegen die Tür, die Briefschlitzklappe rappelte, und sie schreckte hoch. Der Sturm hatte sich gelegt, die Birkenzweige vor dem Fenster glänzten wie lackiert in der Sonne, und sie lief in die Wohnküche und sah im Vorbeigehen, daß das Keyboard eingeschaltet war; die Kontrollampe glühte durch das gelbe Tuch hindurch. »Moment!« sagte sie. »Ich komme.«

Ihre Schwester war Nichtraucherin, und rasch nahm sie den Aschenbecher vom Tisch, entleerte ihn im Müll. In der Buntglasscheibe verdunkelten sich die Rosen, und während sie sich mit einer Hand die Haare zurückstrich, zog sie mit der anderen die Kette von der Tür.

Der Mann im Flur nickte ihr zu. Er trug Schuhe mit Stahlkappen und eine blaue Arbeitshose und hatte sich einen Schlauch quer über die Brust gewickelt. Rohre lehnten am Paneel, dünne Kupferrohre, und vor der Matte stand ein Werkzeugkasten. »Oh, Mist!« sagte er und bückte sich danach. »Hab ich euch geweckt? Tut mir echt leid. Firma Katzky, Thermenwartung. Geht schnell.«

Sie sagte nichts, sah ihn nur verständnislos an. Etwas blatternarbig, hatte er blondierte, in alle möglichen Richtungen abstehende Haare, hoch ausrasiert über den Ohren, in denen verschiedene Ringe steckten, und im offenen Kragen seines Flanellhemds schimmerte ein Anhänger an einem Lederband, eine Münze wohl. Stimmen auf den Treppen, schwere Schritte, und Andrea, die sich lautlos das Wort Thermenwartung vorgesprochen hatte, ohne es zu verstehen, schloß einmal kurz die Augen. »Oh nein,« sagte sie leise und schüttelte den Kopf. Erst nach einem Räuspern klang sie klar. »Das ist jetzt nicht möglich. Später, bitte. Kommen Sie später.«

»Wieso'n dit?« blaffte einer der Installateure am Ende des Flurs. Sie klingelten bei den Nachbarn. »Wir war'n bestellt!«

Doch der junge Mann sah in Andreas Gesicht und setzte den Blechkasten wieder ab. Das Blau der Augen war ungewöhnlich, fast aquamarin, und er verschränkte die Hände hinterm Latz seiner Hose und sagte in einem Ton, dessen Sanftheit wie eine Entschuldigung seines Kollegen klang: »Na gut, komm ich halt nächste Woche, kein Problem. Aber dann müßtet ihr noch mal 'ne Anfahrt zahlen. Dreißig Piepen. Jetzt verrechnen wir das pauschal.«

Sie nickte nur, griff nach der Kette und hatte fast schon die Tür geschlossen, da sagte der Mann, dessen Braue gepierct war, ein silberner Stachel: »Moment noch! Eine Sekunde. Ich bräuchte einen genauen Termin, wegen der Planung. Und dann hätt ich eine Bitte.« Er kratzte sich den Nacken. »Habs grad ein bißchen … Ich meine, könnt ich mal rasch bei euch aufs Klo? Für kleine Jungs? Bin sofort weg.«

Sie atmete tief, zog die Tür wieder auf. Er lächelte verlegen und hängte den Schlauch an die Klinke. Ohne nach dem Weg zu fragen, ging er quer durch die Wohnküche ins Bad, und sie setzte sich an den ovalen Tisch, auf dem noch die zerknüllte Schachtel lag, und schob die Prospekte der Bestatter unter die Zeitung. Dann kreuzte sie die Arme vor der Brust und starrte die Lilien in der Vase an, ehemals weiße Blüten, die jetzt fast durchscheinend waren, wie dünnes Wachs.

Als die Spülung rauschte, setzte sie sich aufrechter hin. Das fleckige Handtuch fiel ihr ein und der Karton mit den Urinbeuteln neben der Wanne. Irgend etwas quietschte leise, dann gluckerte es kurz im Heizkörper unter dem Fenster, und endlich kam der Mann in die Küche und blies erleichtert die Backen auf. »Mensch, danke! Ich hätt mir um ein Haar …«

Er wischte sich die Finger an der Hose trocken. »So ein Mistwetter heute früh. Und ich total verkatert. Wär am liebsten im Bett geblieben. Ach komm, denk ich, nimm zwei Pillen und trink 'n Liter Kaffee, dann wirds schon gehen. Von wegen! Die Herzkiste rappelt, und die Blase platzt.«

Er kramte in den Taschen seiner Montur und zog ein Päckchen Gauloises hervor. Die Hand war voller Schrammen und Narben, an der Daumenwurzel gab es tätowierte Punkte, und während er sich eine Zigarette zwischen die Lippen steckte, musterte er den Raum.

»Schnuckelige Wohnung, so nah am Park. Ist das eigentlich noch Schöneberg oder schon Friedenau?«
»Wilmersdorf«, sagte sie, und er rieb sich das Kinn.
»Wie soll man das auseinanderhalten. Ganz nett hier, oder? Nicht so vermüllt wie in good old Kreuzberg, wo ich wohne. Und weniger Hundedreck. Wieviel Zimmer habt'n ihr? Zwei oder drei?«
Andrea blickte vor sich auf den Tisch, auf die geometrischen Figuren, die ihr Mann mit dem Daumennagel in das weiche Holz geritzt hatte: Trapeze, Rhomboide, Strahlen – vor wie vielen Wochen? »Zwei«, sagte sie und hob den Kopf. Sie strich sich eine Strähne hinters Ohr und zeigte auf die Zigaretten. »Sind die eigentlich mit Filter?«
Der Stachel über dem Auge des Mannes zuckte. »So weit kommts«, sagte er und reichte ihr das Päckchen. »Entweder wir rauchen, oder wir lutschen diese Katzen-Tampons, stimmts?« Hinter dem Cellophan steckte ein Zettel, auf dem ein paar Noten skizziert waren, Akkorde in Dur, und er drückte auf sein Feuerzeug. »Hör mal, ich will mich ja nicht aufdrängen, echt nicht, aber ich hab mir grad eure Therme angesehen: astrein. Da ist kaum was zu tun. Neue Dichtungen, Ruß wegbürsten, Druck angleichen, fertig. Dauert zehn Minuten. Soll ich das nicht eben machen? Dann kann der Winter doch kommen.«
Sie stieß den Rauch durch die Nase aus und neigte ein wenig den Kopf, um auf seine Armbanduhr zu blicken, doch das Glas war blind. »Und ihr spart euch die Anfahrt, wie gesagt. Sind ja Beträge heutzutage; dafür kann man sich 'n netten Abend machen.«

Er lächelte mit großen, in den Zwischenräumen braunen Zähnen, als sie schließlich nickte. Dann drehte er den Regler an der Wand auf Null, holte den Schlauch und das Werkzeug aus dem Flur und drückte die Tür mit dem Ellbogen zu. Dabei flötete er leise, und Andrea stand auf. Schwindelig wurde ihr von dem starken Tabak; sie hielt sich an der Stuhllehne fest. »Soll ich einen Tee kochen?«

»Jau!« sagte er und ging ins Bad. »Bei Kaffee hätt ich gesagt: Danke, bin schon hinüber. Aber Tee geht. Ich heiß übrigens Max.«

Sie setzte Wasser auf, und er nahm die Verkleidung von der Therme und öffnete seinen Kasten. »Manchmal denk ich ja daran, aus Kreuzberg wegzuziehen, weißt du. Bei uns pennen die Fixer im Treppenhaus. Aber woanders ist man immer gleich mit Deutschen allein, und das find ich auch wieder unheimlich. Wie sind denn die Leute hier so? Ich meine, die Nachbarn.«

Er stellte sich auf den Wannenrand, wischte etwas Staub vom Abzug, und sie öffnete ein neues Päckchen Tee. »Ach, ich weiß nicht. Wir kennen eigenlich nur den Hauswart. Und der ist ganz nett.«

»Na bitte, wenigstens was.« Mit einer Drahtbürste reinigte er die Lamellen. »Unser is'n Arsch. So'n rechtsgewendeter Ostler. Der durchschnüffelt sogar den Müll. Würd mich nicht wundern, wenn der 'ne Kartei von den Mietern angelegt hat.« Er blies ein paar Rostpartikel fort. »Bist du manchmal im Osten?«

»Nein«, sagte sie und zog an der Zigarette, inhalierte tief. »Nicht mehr.«

»Ich auch nicht. Wenn ich nicht muß. Manchmal haben

wir da zu tun, und dann stöhnen immer alle. Diese Kleinkarierten ... Die stehn dir dauernd im Nacken und rechnen jede Cent-Dichtung nach. Und immer auf Jammertour: wie schlecht es uns geht. Aber kaum eine Familie, die nicht zwei Autos hat oder mehr. Wozu braucht man so was in Berlin? Uns gehts doch scheiß- gut, oder? Ich brauch nicht mal 'n Fahrrad. Doch die jammern. Ich meine, ich kann sie ja verstehen, die Ar- men jedenfalls. Nur find ich sie deswegen trotzdem nicht sympathisch. Wenn sie jung sind, denk ich: Rechts! Wenn sie alt sind: Stasi! Weiß selbst, daß das blöd ist. Aber die sind auch nicht anders.«

Er zupfte etwas Putzwolle auseinander, wickelte sie um einen Span. »Neulich noch, da bin ich in so 'nem Club in Friedrichshain, also fast Kreuzberg, und ne- ben mir sitzt eine in unserm Alter, Mitte dreißig, ganz nett. Ostblond, klar, aber jede Menge Östrogen im Blick, und ich denk: Komm, Max, mach mal was für die Wiedervereinigung. War auch prima, wie bei Mut- tern, und hinterher leg ich einen Film ein, wir rau- chen was Feines, und da sagt die doch glatt – also, wie lange ist die Mauer jetzt weg? –, nach geschlagenen sechzehn Jahren sagt die zu mir: Nee, das hätt ich nie gedacht, daß ich mal mit 'nem Westler im Bett lieg ... Stell dir so was vor! Ist das nicht tiefstes Finsterwal- de? Mitten in Berlin?«

Sie zog das Sieb aus der Kanne und nahm zwei große Tassen aus dem Schrank. »Der Tee ist fertig. Zitrone hab ich leider nicht. Brauchst du vielleicht Milch?«

»Nur Zucker«, sagte er und zeigte auf die Gauloises. »Wenn du noch 'ne Kippe willst – bedien dich!«

Er hatte Ruß am Kinn, und seine Finger zitterten; ein paar Kristallkörner rieselten auf die Zeitung. Den Pot in der Hand, trat er ans Fenster und sah hinaus. Wolken jagten über die Dächer, eine Elster flog vorbei, kurz darauf eine zweite, und er tippte mit dem Löffel gegen das Glas. »Ziemlich neu, oder? Doppelscheiben. Mensch, so was bräuchte ich auch. Bei mir bröckelt der Kitt aus den Rahmen. Ich meine, ich hab 'ne Heizung vom Feinsten, hab ich mir selbst eingebaut. Doch bei den ollen Luken ist das alles umsonst. Es zieht immer, deswegen muß ich auch dauernd pinkeln. So feine Fäden Zugluft, weißt du. Die nähen dir die Flügel an den Arschbacken fest.«

Er zwinkerte ihr zu, trank noch einen Schluck und ging wieder ins Bad. »Kann ich das Rasierzeug von der Waschmaschine nehmen? Ich müßte an das Rohr.«

»Klar«, sagte Andrea und klopfte sich eine Zigarette aus dem Päckchen, zündete sie an der vorigen an. Dann öffnete sie die Tür zum Schlafraum so weit, daß sie hineinschlüpfen konnte, und setzte sich auf den Klavierhocker. Ein leichter Uringeruch war in der Luft, und sie legte die Hände auf die Oberschenkel und blickte zum Sofa, unter dem die Box mit den Windeln stand. Gerulfs Kopf schien tiefer ins Kissen gesunken zu sein, der Bart ragte etwas auf. Die Ränder der Augenhöhlen traten deutlicher hervor, die Nase sah spitz aus, doch auf seiner Stirn, wo die Falten langsam verblaßten, lag nach wie vor der milde Glanz, der ihm immer, selbst nach den schlimmsten Nächten mit Musikerfreunden, etwas kindlich Reines gegeben hatte. Eine Fliege lief über seine Hände.

Die Lamellen der Jalousie waren stumpf vor Staub;
der Rauch schwebte durch einen Sonnenstrahl. »Der
Klempner ist da«, murmelte sie. »Thermenwartung.
Dauert nicht lang. Hast du den noch bestellt? Oder
macht das die Verwaltung? Ich kann mich gar nicht
mehr erinnern ...«
Sie horchte in die Stille, und einen Moment lang sah
es aus, als würde der Brustkorb sich heben, als würde
er atmen. Doch es waren Birkenzweige, die sich beweg-
ten, ihre Schatten auf der Decke. »Ein netter Kerl«,
fuhr sie fort und drehte sich auf dem Hocker. »Heißt
Max. Ich glaube, er macht auch Musik.«
Sie starrte auf das gelbe Tuch, unter dem sich die Tasten abzeichneten. Schwäne flogen über den Park, wie
oft am Morgen, das Geräusch der Schwingen hallte
wider im Kamin, und deutlich fühlte sie die kühle,
leicht verrutschende Seide unter den Fingerkuppen.
Dabei hatte sie die Hand noch gar nicht gehoben. Eingenickt war sie und zuckte zusammen, als es klopfte.
Asche fiel zu Boden. »Ja«, sagte sie. »Ich komme.«
Wieder machte sie die Tür nur so weit wie nötig auf,
zog sie hinter ihrem Rücken zu. Max stand am Heizkörper und drehte an dem kleinen Schlüssel, den er
auf das Ventil gesteckt hatte. Zischend entwich die
Luft, und mit einer Kopfbewegung wies er zum Tisch.
»Das wars schon. Könntest du mir den Beleg unterschreiben? Ich reguliere noch rasch den Druck, und
dann hau ich ab.«
Sie griff in die leere Obstschale, in der ein paar Stifte
und Büroklammern lagen, und er verzog das Gesicht,
als eine schwärzliche Flüssigkeit aus der Leitung schoß.

»Heilandsack, das stinkt, oder? Totes Wasser.« Mit einem Schwämmchen wischte er es vom Parkett. »Ich geh mal rasch nach nebenan.«

Er umfaßte die Klinke, und sie hob den Kopf. »Was für'n Wasser?«

Die Tür schlug gegen das Keyboard, das Seidentuch glitt von den Tasten, und Max, den Mund geöffnet, griff sich an den Hals und befühlte die Münze, die dort hing, eine asiatische wohl. »Ach herrje«, flüsterte er und trat einen Schritt zurück. »Da schläft ja wer. Und ich poltere hier rum wie'n Blöder! Tut mir echt leid. Wie soll ich das wissen. – Dein Freund?«

Sie schüttelte den Kopf. »Mein Mann. – Ist schon okay. Er schläft nicht.«

»Ach so?« Nur langsam gab das blasse, von den Lamellen zerschnittene Licht die Konturen frei; nicht nur die Stirn, auch Gerulfs Lider hatten sich gestrafft. »Ist er krank?«

»Nein«, sagte sie und zog noch einmal an der Zigarette. Das Formular war dünn und riß beim Unterschreiben, und sie schob es ihm hin und warf den Stift in die Schale zurück. »Geh ruhig rein. Der läßt sich nicht mehr stören.«

Doch Max blieb stehen. Die Augen plötzlich dunkler, was an den gerunzelten Brauen lag, bewegte er einen Moment lang die Lippen, ohne etwas zu sagen. Blonde Stoppeln glänzten an seinem Kinn. »Wieso? Du meinst ...« Mit beiden Händen fuhr er sich durch die Haare, verschränkte sie am Hinterkopf und starrte sie an. »Ohne Scheiß jetzt? Tot?«

Rauh die Stimme, brüchig fast, und sie nippte von ihrem Tee. »Ja doch, mein Gott! So was passiert.« Gelassen wollte sie klingen, vielleicht sogar ein wenig heiter, und versuchte zu lächeln, damit er nicht zu schockiert war. »Menschen sterben …« Eine Träne lief ihr über den Mund, und sie drückte die Tür etwas weiter auf. »Der Heizkörper ist hinter der Couch.«

Doch er trat nicht über die Schwelle. Er wendete sich ab und legte den kleinen Schlüssel, der sie an die mechanischen Puppen und Tiere ihrer Kindheit erinnerte, auf den Tisch. Dann ging er ins Bad, hängte die Verkleidung vor die Therme, wischte den Boden mit der Putzwolle auf und verstaute das Werkzeug im Kasten.

»Warum hast'n mir nichts gesagt? Wer denkt denn an das! Ich wär doch sofort abgehauen! Das mit dem Entlüften kannst du übrigens selbst machen. Den Schlüssel einfach nach links drehen, bis es tropft. Kriegst du schon hin. – Kann ich dir irgendwie helfen? Ich meine, soll ich was tun? Jemanden anrufen oder so?«

Sie schloß einmal kurz die Augen. »Danke, nett von dir. Aber meine Schwester kommt gleich.«

»Ach so. Na dann …« Er schien erleichtert und sah nun doch noch einmal in den Raum, ein stiller Blick auf das Profil des Toten, bei dem er sich nicht rührte und auch nicht zu atmen schien, während der Puls, das Pochen in seinem starken Hals, das Lederbändchen bewegte. »Krank, oder? Hab mir so was schon gedacht, als ich diese Beutel im Bad … Wann ist er denn gestorben?«

»Ich weiß nicht genau. Irgendwann heute früh.«

Er nahm den Kasten, hängte sich den Schlauch über die Schulter und stopfte den Auftrag in die Tasche.

»Tja, verdammt, was soll man da sagen. Hab ich echt noch nicht erlebt, so was.« Dann stellte er den Regler an der Wand auf Raumtemperatur. »Ich lass' dir die Kippen hier, oder?«

Nun lächelte sie, begleitete ihn zur Tür, und auf der Matte drehte er sich noch mal um. Der Korridor hinter ihm wurde verdunkelt durch das alte Paneel, doch im Garderobenspiegel war ein Stück des Treppenhausfensters zu sehen, das Buntglas an den Rändern, ein wenig Sonne und ein letzter grüner Zweig.

»Ich hatte mal 'n Kumpel, der hat sich totgedrückt. Wir haben zusammen die Klempnerlehre gemacht, im Knast. Und kaum sind wir raus und kriegen 'ne Stelle, bringt der seinen Lohn zum Dealer am Südstern – und so weiter. Das ganze Programm. Und nachher, nach Kündigung und Entzug und Rückfall und allem, hat er sogar meine Gitarre verpfändet, 'ne echte Gibson. Ich war so was von angepißt. Aber als er dann in diesen Blumen lag, idiotisch geschminkt, ich meine, als mir plötzlich klar wurde, daß da mein einziger Freund, mit dem ich jahrelang ... Ach Scheiße, was will ich überhaupt sagen. Machs gut, ja?«

Er wischte sich die Finger am Hosenbein ab, hielt ihr die Hand hin, und Andrea nickte und sah noch, wie groß ihre Augen waren, wie seltsam klar die Skleren, als plötzlich alles im Spiegel verblaßte, ein graues Weiß. Sie trat auf die Schuhe vor der Garderobe, stieß gegen die Wand und versuchte, sich an dem Mantel festzuhalten. Doch glitt er vom Bügel, und Max griff ihr unter den Arm. Der Kasten krachte auf die Schwelle.

»He, was ist denn? Was machst'n für Sachen, Kleene?«

Dreiecke, Ellipsen, Strahlen – sie fühlte sie unter den Fingerspitzen. Ihr Mund war trocken, die Lider zitterten, und wieder hörte sie, was eigentlich kaum sein konnte, jene Stille hinter der Stille, nur einen Atemzug lang und deutlicher im Raum als jeder Laut. Der Schweiß brach ihr aus, sie leckte ihn von der Oberlippe und wußte nicht, wie sie an den Tisch gekommen war, auf ihren Stuhl. Sie schwankte im Sitzen.

»Das haben wir gleich«, sagte Max. Sein Flanellhemd roch nach Staub, und während er sie mit einer Hand an der Schulter hielt, drehte er mit der anderen den Wasserhahn auf. »Geht sofort besser.« Er befeuchtete ein Geschirrtuch, drückte es aus und legte es ihr in den Nacken. »Du bist fertig, oder? Du bist total erledigt, Mensch. Wann hast'n das letzte Mal gegessen?«

Sie zuckte mit den Achseln. Der Bügel an der Garderobe pendelte noch, Zugluft bewegte die angelehnte Tür, ein kurzes Pfeifen, das man immer hörte, wenn jemand das Haus verließ, und er schob den Brotkasten und die Schränke auf, nahm die Würfelschale aus dem Eis und musterte die Fächer. »Na bitte, sieht doch nicht schlecht aus. Du mußt futtern, hörst du. Klingt blöd jetzt, ich weiß, aber es hilft. Du mußt unbedingt was zu dir nehmen. Du brauchst Kraft.«

Er stellte ein paar Dosen und Pakete auf das Arbeitsbrett, klaubte eine Handvoll Tomaten aus dem Gemüsefach, warf zwei verschimmelte in den Müll und riß ein Netz Zwiebeln auf. »Ich mach dir was. Hab eh gleich Pause. Wir kriegen dich schon hin.« Dann zog er die Lade mit den Töpfen heraus. »Was magst du?

Reis? Kartoffeln? Nudeln?« Der Gasherd sprang an, und er drehte sich um. »Willst du Nudeln?«

Sie sagte nichts, nickte nur und strich mit den Fingern über den Tisch, das glatte Holz. Noch einmal ging er zur Wohnungstür, drückte sie zu und hängte den Mantel auf den Bügel. »Ich mach dir Spaghetti, oder? Spaghetti kann ich gut.«

Spitze Schuhe

Am späten Abend wachte Richard auf. Benommen von den Tabletten, versuchte er vergeblich, das Gefühl von nasser Watte im Mund hinunterzuschlucken. Der Fernseher lief noch, und er trank einen Bananensaft und sah sich den Schluß einer Reportage über isländische Pferde an. Windfarbene gab es, und nachdem er etwas Kamillosan auf die wunden Stellen am Unterarm gestrichen hatte, hängte er sich einen Pullover um die Schultern und ging zur Bahn.

Auf dem Sitz gegenüber lag eine Mütze, ein grün-weißes Basecap mit der Aufschrift *John Deere*, kaum getragen, und als der Zug in Charlottenburg hielt, nahm er sie mit. Sie paßte.

Fast rund der Mond am sternlosen Himmel, auf den Balkonen brannten Windlichter oder Lampions, und er wechselte die Straßenseite und stellte sich in den Schatten einer Markise, die zu einer Bäckerei gehörte. Vor dem gegenüberliegenden Haus standen mehrere Tische, alle besetzt, und auch das Lokal hinter den großen Rundbogenfenstern war überfüllt. Lavendelsträuße hingen unter der braun gestrichenen Decke, eine verbeulte Trompete, und man trank an Stehtischen, die aus alten Fässern gezimmert waren. Aus der offenen Tür kam Beatles-Musik, und im Hintergrund schien ein Tablett über den Köpfen der Gäste zu schweben, brennende Schnäpse.

Richard setzte sich auf den Fenstersockel der Bäckerei und drehte eine Zigarette. Seine Finger zitterten; der Filter fiel ihm herunter, und er blies sich etwas Luft zur Stirn. Dann leckte er über das Papier, und obwohl ihn die parkenden Autos verdeckten, sank er etwas zusammen, als Marlies aus dem Lokal trat. Zu einer weißen Bluse ohne Ärmel trug sie die dunkelrote Lederhose mit Schlag, und das Lächeln war ein bißchen zu strahlend, um wahr zu sein. »Haut rein, Freunde!« sagte sie und stellte zwei überschäumende Biere auf den Tisch. »Das Unglück schläft nicht.«

Schachspieler in Business-Hemden, schon leicht benebelt, wie es schien, und einer, dem der Zipfel der zusammengerollten Krawatte aus der Hosentasche hing, runzelte die Stirn. »Und wo sind unsere Kurzen?«

Marlies sammelte Gläser ein. »Das kann ich dir nicht beantworten, Schatz. Das heißt, ich könnte schon ...« Ihre Stiletto-Absätze blitzten im Licht eines vorbeifahrenden Mopeds. »Aber vorher bring ich noch zwei Korn.«

Ohne auf das Gelächter ringsum zu achten, verschwand sie wieder im Lokal, und Richard blickte sich um. Ein paar Brote lagen hinter dem Schaufenster, und auf einem Plunderstück wimmelten unzählige Wespen; als er den Handrücken gegen die Scheibe hielt, glaubte er das Summen zu fühlen, eine leise Vibration. Er zog sich den Mützenschirm tiefer ins Gesicht und ging über die Straße.

Bröckelnder Stuck in der Toreinfahrt neben dem Lokal, rostige Briefkästen und ein Kinderwagen, doch im Hof kein Mensch. Eine weiße Katze hockte auf einem Sims, und Licht brannte nur in dem Parterrefenster hinter den Mülltonnen. Es war offen, aber vergittert, und in der gelblich gekachelten Küche stand ein Gasherd voller Töpfe und Pfannen. Auf einem Arbeitstisch lagen Haufen gehackter Kräuter und Zwiebeln, und in einem Verschlag neben dem Kühlschrank hingen Schirme an der Wand, Jacketts und eine Tasche, ein rotes Kroko-Imitat.

Briefpapier ragte daraus hervor, ein aufgerissenes Couvert, und er wollte näher an das Gitter treten, als er plötzlich Schritte hörte, hölzerne, wie von Clogs. Irgendwo gurgelte eine Wasserspülung, und eine kleine Frau mit aufgesteckten Haaren kam hinter dem Geschirregal hervor und wischte sich die Hände an einem Wickelrock ab. Sie trug ein T-Shirt mit dem Berliner-Kindl-Emblem.

Leise flötend rührte sie in einem Topf, und als sie sich nach den Gewürzen unter der Abzugshaube reckte, war zu sehen, daß sie links einen Spezialschuh trug, ein klobiges, bis über die Fesseln geschnürtes Lederding mit dicker Sohle. Sie stieß gegen den Arbeitstisch, eine Tasse fiel um, etwas Milch oder Sahne floß auf den Boden, und Richard zog an seiner Zigarette und sagte: »Hoppla! Wenn das kein Glück bringt!«

Die Frau hob den Kopf, blinzelte in die Nacht hinaus, schien aber nichts zu erkennen jenseits der rostigen Stäbe. Sie drehte das Gas ab und kam ans Fenster. »Wer ist denn da? Franz?«

Er stieß den Rauch aus, räusperte sich, und als er hinter den Tonnen hervortrat, nahm sie die Hände von der Brüstung und wich einen Schritt zurück. »Mein Gott, was für ein langes Elend. Dich hab ich hier noch nie gesehen, oder? Bist du von Kulles Truppe, oder wer schickt dich? Ich hab ihm doch gesagt, um sechs sollt ihr kommen, wenn der Alte nicht da ist. Der zählt sogar die Topflappen!«

Sie zog den mannshohen Kühlschrank auf und kramte darin herum. »Bouletten gibts sowieso nicht mehr. Ich könnte dir Kasseler machen, mit Bratkartoffeln. Oder Knacker mit Grünkohl, wenn du magst. Bißchen Wurstsalat ist auch noch da.« Eine Faust an der Hüfte, blickte sie sich um. »Also?«

Unter dem Fenster ein schmales, völlig zertrampeltes Beet mit einer Umfriedung aus Flaschen, und Richard trat näher, kratzte sich den Hals. »Ich hab keinen Hunger, danke. Ein Glas Wasser wäre gut.«

»Ach so, die bescheidene Tour. Kannst du haben, Mister Deere. Pur oder mit Schuß?«

»Wenns geht, ohne.«

Sie schlug die Tür zu und füllte ein Glas. »Ich bin übrigens Luzia, die Lichte. Auch nicht schlecht, oder? Ich werd mir 'n Schluck von dem da genehmigen.« Die Madeira-Flasche, die sie hinter den Gewürzen hervorzog, war neu; sie riß das Siegel mit den Zähnen auf. »Heißt Deere nicht Tier? Oder Liebling oder so? Na, egal. Auf unser Spezielles!«

Obwohl das Leitungswasser fast warm war, trank Richard das Glas in einem Zug leer. Die Frau nippte von ihrem Wein. »Du hast 'n starken Adamsapfel, weißt du das. Ich bin ja immer froh, wenn mich einer besuchen kommt in meinem Küchenknast. Die saufen sich vorne die Hucke voll, und ich vertrockne hier wie 'ne alte Jungfer. Na ja, immer noch besser als Kleber verkaufen auf dem Wochenmarkt. Das war mein letzter Job, mit Mikrophon.« Sie zeigte auf einen Karton in der Nische. »Brauchst du 'n T-Shirt? Gibts umsonst.«

Er schüttelte den Kopf, und sie kratzte sich hinterm Ohr, während sie ihn musterte. Die umschatteten Augen kamen ihm grünlich vor, ein leicht spöttischer Blick, und sie langte durch das Gitter und machte eine Handbewegung, die er nicht gleich verstand. Erst als sie sich mit zwei Fingern an den Mund tippte, gab er ihr seine Zigarette. »Also, erzähl.« Sie strich mit dem Daumen über den Filter. »Kann das was mit uns werden? Was bist du für einer?«

Sie paffte nur, und er lehnte sich gegen die Mauer und verschränkte die Arme vor der Brust. Obwohl der Mond nicht zu sehen war über dem schmalen Hof, spiegelte er sich in allen Fenstern. »Wie meinst'n das?«

»Na, was du so treibst. Gehst du auf Trebe, wie Kulle, oder was machst du?«

Er räusperte sich. »Im Moment nichts Richtiges; 'ne Art Weiterbildung. Profiling nennen sie es.«

»Immerhin ... Und was soll das sein?«

»Das frag ich mich auch. Aber wie der Name schon sagt: Man braucht ein Profil. Jedenfalls auf dem Arbeitsmarkt. Und ich hab inzwischen so viel davon – aus mir kannst du 'n Satz Winterreifen machen.«

Die Köchin lächelte, und ihre makellosen Zähne waren weißer als das Mondlicht in den Fenstern. Doch die Augen blieben ernst. »Und das hier? Was soll das?«

Sie zeigte auf seinen Unterarm. »Habt ihr keine Aschenbecher zu Hause, Johnny, oder warum drückst du deine Kippen da aus?«

Er antwortete nicht. Die Katze umstrich seine Beine, maunzte leise, und er bückte sich und kraulte ihr den Nacken – und sah im gleichen Augenblick die langen Finger, den dunkelroten Lack. Die Tür zum Gastraum, hinter der man Gelächter hörte und Musik, gedämpfter als auf der Straße, bestand im oberen Teil aus einer Milchglasscheibe, und der scharf umrissenen Silhouette nach hatte Marlies einen Stift im Mund und zupfte Servietten und ein Salatblatt von dem Geschirr, ehe sie es in die Durchreiche schob, eine bogenförmige Öffnung.

Ein Messer fiel auf die Fliesen, der Umriß verblaßte, und er rieb sich das Kinn. »Schöne Hände.«

Luzia nickte. »Schöne Frau. Wirklich toll. Geh mal rein in das Affenhaus und schau dir an, wie die sich durchschlängelt mit ihrem Tablett. Die tanzt!«

»Ich betrete keine Kneipen«, sagte er. »Nicht mal Cafés.«

»Ach nee? Und wieso? Bist du Mormone?«

Er zuckte nur mit den Achseln, und sie stieß zwei Rauchringe in die Nacht hinaus; vom Gitter zerschnitten, blieben sie doch ganz. »So eine Kellnerin mußt du lange suchen. Die ackert wie blöde. Erst paar Tage hier, und ersäuft schon im Trinkgeld. Wenn ich so aussähe . . .«

»Ja?« fragte Richard und befühlte seine Krusten, die plötzlich wieder juckten. »Was dann?«

»Das kann ich dir erzählen. Dann hätten die Kerle

nichts zu lachen, ist doch klar. Von wegen, schnell mal ... Die müßten sich schon bemühen. Als erstes würde ich mir geile Schuhe kaufen. Oder besser: schenken lassen. Schuhe sind so wichtig, weißt du. Die haben viel mit Selbständigkeit zu tun. Und unsere Marlies hier, die trägt immer ganz tolle, spitz wie'n Pfiff. Und sie kann sie auch tragen! Die geht nach Feierabend noch genauso wie vor der Schicht. An der stimmt alles.«

»Ach was, so was gibts gar nicht. Die wird auch ihre Macken haben.«

»Klar hat sie die, Süßer! Logo. Aber man sieht sie nicht.«

»Ich würd sie schon sehen, kannst du glauben. Ich hab 'n Auge dafür. Frauen, die so'n Klimbim brauchen, geschlitzte Röcke, spitze Schuhe, Lippenstift, bei denen ist immer was faul. Diese ganzen Shopping-Tussis, die sehen heiß aus – sinds aber nicht. Würd mich nicht wundern, wenn die alle frigide wären.«

»Oh, wie interessant; John Deere erzählt aus der Männerküche. Und was ist mit meiner Wenigkeit? Ich hab 'n Klumpfuß. Dann müßte ich ja rattenscharf sein, was?«

Er stieß etwas Luft durch die Nase und blickte zu Boden. Die schwarze Erde war wie gestampft. »Weiß ich doch nicht, was du bist. Erst mal ein Mensch, nehm ich an.«

»Ach ja? Immerhin. Nett, daß das mal einer sagt. Ich dachte nämlich schon, ich wär 'ne Spülmaschine. Guck dir das an ...«

Sie blickten zur Durchreiche, wo Marlies erneut einen

Stapel Geschirr auf das Brett schob. Sie trug keinen Schmuck außer der Uhr, keinen Ring. Hinter dem Lederarmband klemmten ein paar Bons und der Kugelschreiber, und auf ihrem Handrücken stand eine längere Zahl. Senf quoll zwischen den Tellern hervor.

»Luzia? Mit wem flirtest du denn da?«

»Ich?« Sie gab ihm die Zigarette zurück. »Was heißt flirten? Wir verloben uns schon!«

Marlies bückte sich. Ihre hell blondierten Haare wurden an den Wurzeln wieder braun, und er trat einen Schritt zur Seite und rutschte an dem Glas der Umfriedung ab; es knirschte unter seinen Schuhen. »Aber vorher machst du ein bißchen Platz hier, bitte. Und dann brauch ich noch einen Thunfischsalat, zwei Serbische, eine Schmalzstulle und einmal Leberkäs mit Bratkartoffeln, schön kroß!«

»Zu Befehl, mein Engel, ich fliege!«

»Und noch was ...« Die Silhouette hinter dem Milchglas wurde größer, blasser, die Finger verschwanden – und legten gleich darauf ein schmales Päckchen auf das Brett: dunkelgrünes Papier mit Goldrand und einer roten Schleife. »Steckst du das bitte mal für mich weg?«

Luzia pfiff durch die Zähne, ging rasch zur Tür. Das Pochen der dicken Sohle auf den Kacheln klang, als wäre der Boden darunter hohl, und eine Strähne fiel ihr ins Gesicht. »Donnerwetter, was ist das? Noch eine Liebesgabe? Von wem denn diesmal? Laß mich raten ...«

Aber Marlies war schon wieder im Lokal, und sie leckte sich die Unterlippe, wog es in der Hand und schüttelte es am Ohr. Dabei zwinkerte sie Richard zu, der einen Schritt über das Tier vor seinen Füßen machte und so nah ans Fenster trat – der Mützenschirm berührte das Gitter. Die Köchin roch sogar an dem Geschenk, in dessen Schleife der Name einer Drogeriekette eingewebt war, im Lokal schrie jemand auf, ein betrunkenes Lachen, und als sie den Karton voller T-Shirts zur Seite schob und sich nach dem Nagel reckte, an dem die Kroko-Tasche hing, schnippte er die Kippe fort, stieß sich ab von der Wand und ging davon. Die Katze lief ein Stück weit mit.

Scharfkantige Schatten, dunkelblau, und nun war er deutlich zu sehen über dem Hof, der fast runde Mond. Er hatte eine Aura wie aus Staub, und in der Durchfahrt, wo ein Kinderwagen voller Flaschen stand, streckte Richard den Arm aus und fuhr mit der Faust über die offenen Türen der Briefkästen, die dort hingen. Sie schlugen zu und flogen sofort wieder auf.

Noch immer waren die Tische vor dem Haus besetzt; sogar auf dem Randstein hockten Gäste und tranken. Eine Frau in kurzen Hosen lächelte ihn an. In der U-Bahn sang ein Gitarrenspieler ein Lied fast ohne Worte; er summte, knurrte, pfiff, und die Stahlsaiten, deren Enden lang über die Mechanik hinausragten, klangen wie Glas. Es saßen nur wenige Leute in dem Waggon, und als er Richard seinen Pappbecher hinhielt, warf der eine Münze hinein. Doch der Mann ging nicht weiter. Durch die Lücken in seinen Zähnen konnte man die Zunge sehen. »Hey, ich hab mal 'n Trecker von John Deere gefahren, in Nebraska, bei der Heuernte. Weißt du, wie flach Nebraska ist? Sagenhaft. Da

siehst du schon morgens, wer abends zum Bier kommt. –
Was willst'n für die Kappe haben?«

Richard schenkte sie ihm und stieg aus. Es war etwas
kühler jetzt, doch in der Wohnung hatte sich die Tages-
hitze gehalten. Er öffnete alle Fenster und trank ein
großes Glas Aprikosennektar auf dem Balkon. Dann
putzte er sich die Zähne, und im Bett schluckte er zwei
Adumbran, die auch sofort wirkten; aber nach einer
Stunde war er wieder wach. Er stellte den Fernseher
auf dem Kleiderschrank an und sah noch einmal die
Nachrichten, die er schon kannte.

Dabei aß er ein paar Erdnüsse und blätterte in seinem Ordner. »Unentschuldigtes Fernbleiben von den
Qualifizierungsmaßnahmen kann zu einem Verlust der
Leistungen führen«, stand da. »Vom Arzt beglaubigte
Krankmeldungen müssen Ihrem Fall-Manager inner-
halb von drei Werktagen vorliegen. In Ihrem eigenen
Interesse werden Sie gebeten, pünktlich zu erscheinen;
bei einem Zuspätkommen von mehr als einer Stunde
wird ein Fehltag berechnet.«

»Es ist immer windig«, sagte die Wetterfee. »Nur nicht
immer hier.«

Gegen halb fünf hörte er den Schlüssel im Schloß, schob
die Papiere unters Bett und stellte Lampe und Fernseher aus. Draußen zwitscherten die ersten Vögel, und
seine Frau ging direkt ins Bad, duschte und machte
sich dann ihre Milch in der Mikrowelle warm; er hörte das Glöckchen der Zeituhr. Sie ließ das Schlafzimmer dunkel, aber die Vorhänge waren nur dünn, ein
grauer Gazestoff, und er betrachtete ihre Silhouette,
als sie auf Zehenspitzen um das Bett ging. Doch plötz-

lich blieb sie stehen und sagte fast empört: »Du schläfst gar nicht!«

Er richtete sich auf. »Und woher wußtest du das?«

»Na, der Fenseher hat noch geknackt.«

Mit dem Ellbogen drückte sie auf den Lichtschalter. Sie hatte sich ein Badetuch um den Körper gewickelt, und ihre Haare waren an den Spitzen naß. Abgeschminkt sah sie älter aus, verletzlicher auch, das Weiße in den Augen war gerötet, und er rümpfte die Nase.

»Was ist?«

»Nichts. Du stinkst.«

»Spinner.« Sie stellte ihre Milch auf den Nachttisch und die rote Tasche, die sie sich unter die Achsel geklemmt hatte, neben das Bett. »Ich hab geduscht!«

»Du stinkst trotzdem. Nach Alkohol.«

»Tja, so ist das, wenn man in der Kneipe schubbert.«

Sie faltete das Frotteetuch zusammen. Die Haut glänzte matt von der Lotion, die sie benutzte. »Als du in dem Kühlhaus gearbeitet hast, warst du auch nicht gerade ein Rosenfeld.«

Er aß die letzten Nüsse und wischte das Salz vom Laken. Ihr Hintern ließ ein wenig nach, war aber immer noch beunruhigend schön. An der Hüfte ein gelblicher Fleck. »Und? Wie gings? Erzähl.«

Marlies setzte sich auf die Bettkante, und als sie die Milch vom Nachttisch nahm, klickte der Ehering gegen das Porzellan. Es war eigentlich eine Teeschale, ohne Henkel, und sie machte kleine Schlucke, wobei sie leise japste. Dabei starrte sie vor sich hin. »Wie solls gegangen sein. Ich hab Waden wie'n Radler. Eine komische Pinte, sag ich dir. Völlig an jeder Mode vorbei

und immer brechend voll. Aber besser als so ein fuß-
kalter Club oder eine Lounge, oder wie die Dinger heißen. Wo riesig *Ficken* an der Wand steht und darunter
American Express.«
Sie pustete über die Milch, und er streckte den Arm
aus und fuhr mit dem Handrücken über die Tätowie-
rung auf ihrem Schulterblatt, den kleinen Drachen.
Die Flamme war farblos; da mußte noch mal nachge-
stochen werden. Dann sank er auf sein Kissen. »Und
sonst? Hast du mir was mitgebracht?«
Sie schlürfte genüßlich, schloß die Augen. »Mitgebracht? Wieso? Was sollte ich dir denn mitbringen?«
Er verschränkte die Hände hinterm Kopf, löste sie aber
gleich wieder, weil er seinen Schweiß roch. »Keine Ahnung. Irgendein Geschenk vielleicht?«
»Was'n mit dir los?« Schmunzelnd zog sie die Brauen
zusammen. »Meinst du, du hast es verdient, ja? Weil
du so'n toller Kerl bist? Oder wie kommst du jetzt darauf?« Dann zupfte sie sich etwas Milchhaut von der
Zunge und streifte den Finger am Aschenbecher ab.
Lange dauerte das, als dächte sie nach. »Ich hab nämlich wirklich was!«
»Siehst du!« Er grinste. »Mir kann man nichts verheim-
lichen.«
»Will ich auch gar nicht! Warum sollte ich das wollen, du Quatschkopf. – Mach die Augen zu!«
Er gehorchte zwar, beobachtete sie aber durch die Wimpern. Ihre Brüste schaukelten leicht, als sie die Schale
auf den Nachttisch stellte, und dann öffnete sie die
Tasche und warf einen kleinen Spiegel, den Lippenstift
und eine Handvoll Geld aufs Bett, zerknüllte Scheine.

Auch ein Brief war dabei, zusammengefaltet, ein Päckchen Zigaretten und ein Flakon, und endlich drehte sie sich um, und einen Lidschlag lang glaubte er, das Rot der Schleife zu sehen.

Er hob den Kopf. »Was ist das?«

»Na, was soll das sein? Bist du neuerdings blind?«

Sie beugte sich vor und zog den Stoff auseinander, damit er den Schriftzug lesen konnte. »Mit schönem Gruß von meinem Chef. Haben sie heute bei uns verteilt. Du magst doch T-Shirts, oder? Und ein Berliner Kindl bist du auch.«

Sie hängte es an den Bettpfosten, verstaute das Geld und schloß ihre Tasche. »Die weißen waren zu klein. Bei dem Umsatz, den er macht, gibts jede Menge Werbegeschenke. Demnächst kriegen die Stammgäste Gläser mit ihren eingravierten Namen.«

Er schwieg, und sie befeuchtete einen Daumen, wischte sich etwas von der Hand. »Na, was? Warum siehst du mich so an? Mensch, ich *muß* manchmal Alkohol trinken da, verstehst du das denn nicht? Wenn die dich einladen, kannst du nicht dauernd nein sagen. Das drückt die Stimmung, und nachher gehen die woanders hin. – Oder was hast du?«

Er schloß einmal kurz die Augen. »Nichts«, sagte er, drehte sich weg und betrachtete sie im Spiegel, der schon matt wurde hier und da, aber vielleicht waren das Putzschlieren, und einen Moment lang fand er sie wirklicher in der stummen Tiefe dieses Bildes, in dem sie seinen Blick erwiderte, ängstlich wohl und trotzig zugleich. Dann öffnete sie den Wäscheschrank, stellte sich auf die Fußspitzen und zog ein Satinhemd hervor, das er noch nie gesehen hatte. Wie Quecksilber glitt es über ihre Hüften.

Er kratzte sich den Arm, die geschwollenen Stellen, und löste eine der runden, etwas durchscheinenden Krusten ab. Es ging ganz leicht. Rosig war die Haut darunter, das neue Fleisch, und Marlies legte sich hin, kehrte ihm den Rücken zu und sagte: »Mach das Licht aus. Ich bin müde.«

Den Blitz begraben

Schließen Sie ab, habe ich ihm gesagt, mehr als einmal, lassen Sie nichts rumliegen, die klauen Ihnen sogar Aschenbecher. Aber er hat nur geschmunzelt, als würde er mich bedauern, und wenn ich an seinem Grund vorbeifuhr, an dem vermoosten Zaun mit den Sonnenblumen, sträubten sich mir die Haare. Immer stand alles offen, Zigaretten lagen auf dem Tisch, ein vergoldeter Brieföffner mit Elfenbeingriff und einmal sogar eine Kamera. Auch das Gartentor war nie verriegelt; die Kinder turnten auf seinem Motorroller herum und gingen bei ihm ein und aus. Dabei konnte er kein Wort Polnisch. Also »Danke« und »Bitte« vielleicht, wie ich, aber mehr bestimmt nicht, und er machte gleich am Anfang den Fehler, sich die Rouladen und das ganze fettgebackene Zeug von Janeks Schwägerin schenken zu lassen. Damit war er in ihrer Schuld, und ich dachte: Warte nur, Kollege, bald tanzt dir das Dorf auf der Nase herum.

Ich kenn doch meine Polen. Die glauben, jeder, der sich hier ein Haus zulegt, hat Geld wie Heu. Die wissen nicht, wie alt unsere Karre ist; die sehen nur den Mercedes-Stern, und kaum bin ich da, klopfen sie an und wollen mir alles mögliche verkaufen, zu unverschämten Preisen. Natürlich kannst du nicht immer ablehnen. Das geht nicht. Dann hast du ruck-zuck Feinde und darfst dich über Vandalismus nicht wundern. Aber in den Waldbeeren waren oft tote Käfer, und die Pilze schmeiß ich jedesmal weg; ich bin kein Fachmann, und nachher lieg ich flach.

Inge hat da weniger Skrupel. Ohne mit der Wimper zu zucken, ißt sie diese Glibbersachen und die eingemachten Innereien, und manchmal geht sie rüber und trinkt die warme Milch von Janeks Kuh, und zwar direkt aus dem verkackten Eimer. Letzte Woche noch. Ich bin zwar nicht pingelig, aber an dem Abend konnte ich sie nicht mehr küssen.

Am Anfang waren wir richtig froh, als wir hörten, daß ein Deutscher ins Dorf zog. Man fühlt sich ja doch ein bißchen isoliert, auch wenn sie scheinbar nett sind hier. Und Janek ist zwar ein zuverlässiger Kerl, solange er seine Scheinchen kriegt, aber wenn es hart auf hart ginge ... Wer weiß. Ich muß immer an die Sickergrube denken. Er hat so einen Spezialwagen mit drei Rädern und kippte die Brühe jahrelang in den Wald. Dann wurde das plötzlich verboten, und er mußte zur Deponie, die zehn Kilometer entfernt war. Das kostete nicht nur mehr Sprit, sondern auch unglaubliche Gebühren, und zwar jedes Vierteljahr mehr. Doch so schnell, wie Janek immer wieder am Kiosk stand, ließ sich seine Gurke gar nicht fahren. An Stoßstangen und Felgen hingen Zweige und Gras, und als ich Quittungen wollte, hieß es plötzlich »Nix versteh!«. Und dann sah er wochenlang durch mich durch, der ganze Hof und alle Blumen stanken nach Klo, und ich mußte mit einer Flasche Goldwasser zu Kreuze kriechen.

Der Neue sei Berliner, erzählte Janeks Frau, die unsere Sprache besser beherrscht, ein Professor, pensioniert, und Inge sah ihn zuerst. Ihr hatte das kleine Haus mit dem Walmdach und den Rundbogenfenstern immer gefallen, vor allem wegen der Scheune; sie braucht große Ateliers. Doch es hatte Nachteile, nicht nur preisliche. Zwar lag es auch an der Seeseite, wie meins, aber mitten im Dorf, und so was kommt mir nicht in die Tüte. Ich will für mich sein, sonst hätte ich nicht aufs Land ziehen brauchen. Schöne Natursteinmauern mit einem großen Tor hab ich mir hochziehen lassen und jede Menge edles Gestrüpp angepflanzt. Sieht aus wie ein Atrium jetzt.

Inge schob die Einkaufstaschen auf den Tisch. »Er ist ein paar Jahre älter als du – siebzig, würde ich sagen. Groß, schlank, mit starken Unterarmen und herrlichen weißen Haaren. Bei dem wäre ich auch gern Studentin gewesen.«

Sie hatte keinen Vodka mitgebracht, aber das war vielleicht ganz gut so. »Und?« fragte ich. »Hast du ihn angesprochen?«

»Nein, er war grad beschäftigt, stellte einen Sonnenschirm auf. Aber ich konnte ins Haus sehen. Immer noch dieselben alten Möbel, auch in der Küche. Ich glaub, er hat sich keine eigenen mitgebracht. Nur Bücher. Auf Stühlen, Treppen, Fensterbänken – überall kleine Stapel, mit diesen Zettelchen drin.«

»Na prima, da leihen wir uns mal einen Krimi aus. – Übrigens hab ich auch weiße Haare, falls dir das noch nicht aufgefallen ist. Und jetzt wasch dir die Hände. Es gibt nämlich Hecht!«

Sie zog an meinem Kinn. »Du hast graue, Liebling. Jedenfalls da, wo noch welche wachsen.«

Danach parkte ich den Wagen öfter vor dem Tor, was mir zwar nie ganz geheuer ist, aber er sollte unser Kennzeichen sehen. Er selbst fuhr einen Volvo, recht neu, und manchmal auch diesen Motorroller, mit dem er wie die Einheimischen über die Sandstraße preschte. Ein asketischer Typ mit guter Haltung, nicht ohne Eleganz. Er kam jedoch nie vorbei, den ganzen Sommer nicht.

Ich gehe selten zu Fuß durchs Dorf; du wirst immer angequatscht und sollst einen neuen Hund oder Hahn oder riesigen Kürbis bewundern, und die Kinder halten dir die Pfoten hin und wollen nichts als Geld und Zigaretten. Doch eines schönen Abends – Inge war mit dem Bus zum Bahnhof gefahren – öffnete ich meinen Gitterschrank und wählte einen guten Roten, um mich bei dem Landsmann vorzustellen. Ich hatte das zwar andersherum gelernt, aber na ja; geht der Esel nicht aufs Eis, kommt die Kirche ins Dorf, oder wie das heißt.

Er las in einem Liegestuhl, strich etwas an in dem Buch und reagierte nicht, als ich mit dem Flaschenhals gegen das offene Gartentor klopfte. Ein Trecker fuhr gerade vorbei. Erst als ich »Hallo!« rief, »Ist es gestattet?«, drehte er sich um. Zu einer zerknitterten Khakihose trug er ein weißes Hemd und schien zwar erstaunt zu sein, aber unfreundlich blickte er nicht, kann man nicht sagen. Die Schatten der Nußbaumblätter streiften seine Gestalt, als er über die Wiese kam, was ihn beinahe fragil aussehen ließ, und ich fragte mich, ob er überhaupt Wein trank. Auf dem Tisch stand nur eine Tasse. »'n Abend auch.« Ich legte zwei Finger an die Schläfe. »Darf man sich kurz vorstellen, so von Nachbar zu Nachbar? Wohne da drüben, am Anger. Rewert mein Name.«

Er gab mir die Hand und schien zu überlegen, ob er mich schon mal gesehen hatte, und im Gegensatz zu seinen hellen Augen waren die Gesichtszüge müde; ich hab nun wirklich alles erlebt, sagten sie, was ist denn noch. »Das Haus mit der Toscana-Note«, fügte ich grinsend hinzu. »Meine Frau hat die Farbe gewählt.«

Wie viele dachte er wohl, ich hätte ihm meinen Nachnamen gesagt, denn er stellte sich als Odenkamp vor, öffnete das Tor etwas weiter und machte so eine Geste – ein bißchen zögerlich vielleicht, aber einladend. Wir gingen unter den Baum, wo Rohrstühle standen, und ich suchte auf dem kleinen Tisch voller Schreibzeug, Zettel und Zigaretten vergeblich nach einem Platz für die Flasche. »Schön haben Sie's hier. Find ich gut, daß Sie alles so lassen. Die meisten Flutlicht-Farmer in der Gegend fangen ja immer gleich an, alles auszuzirkeln. Meine Frau ist genauso. Aber ich mag verwilderte Gärten.«

Er schaute sich um. »Verwildert? Na ja, wahrscheinlich bin ich nur faul«, sagte er, und seine Stimme war überraschend leise; bei den markanten Falten hätte ich sie mir männlicher gedacht. Dann zeigte er auf den Bordeaux. »Sieht ja sehr exquisit aus. Gläser habe ich wohl, aber ob es einen Korkenzieher gibt ...«

»Keine Sorge.« Ich kramte in den Taschen meiner

Shorts und öffnete das Schweizer Messer. »Allzeit bereit.«

Schmunzelnd räumte er ein paar Zeitungen vom Stuhl, ich setzte mich auf das verwitterte Flechtwerk, und als er ins Haus ging, warf ich einen Blick auf die Bücher, ein halbes Dutzend oder mehr, ziemlich zerlesen: »Plotin und das Transzendenz-Problem.« »Der freie Wille und das Wollen des Einen.« »Gegen die Gnostiker.« »Den Blitz begraben: Platon und Plotin.«

»Donnerwetter«, sagte ich, als er wieder herauskam. Unter seinem Kehlkopf gab es eine punktförmige Narbe, die leicht schimmerte, und ich zeigte auf die Wälzer. »Harter Stoff. Sieht ja richtig nach Arbeit aus.«

»Nein, nein.« Er stellte zwei Gläser zwischen die Papiere auf dem Tisch, Wassergläser. »Ich betreue noch einen Doktoranden. Eigentlich bin ich schon emeritiert. – Wo, sagten Sie, steht Ihr Haus?«

Die Flasche zwischen den Füßen, zog ich langsam den Korken hervor; meine alten Turnschuhe rochen nicht gerade frisch, aber wir waren ja im Freien. »Am Dorfrand. Gleich hinter der alten Mühle, diesem Turm.«

»Ach, das! Ein herrliches Grundstück. Ich hab schon Ihre Apfelbäume bewundert. Vom See aus, meine ich, beim Schwimmen. Neidvoll, übrigens. Bei mir wachsen nur Nüsse.«

Kopfschüttelnd goß ich den Wein ein. »Und die gehören nicht mal Ihnen, wie Sie bald sehen werden. Es gibt hier nämlich ein Gewohnheitsrecht, und jedes Jahr im Oktober stürmen die Kinder den Baum. Bei meinen Kirschen war das auch so.«

»Wirklich? Na ja … Ich mach mir eh nichts daraus.«

Wir hoben die Gläser, wobei er mir höflich in die Augen sah. »Also dann: auf gute Nachbarschaft. Leben Sie schon lange hier?«

Der Bordeaux hatte Stöpsel, einen Hauch nur, doch das schien er nicht zu schmecken. Ich nickte. »Fast fünf Jahre. An meinem Sechzigsten hab ich mir gesagt: Denk mal langsam an deine Pension, mein Bester. Immer nur Kneipe, wer hält das aus. Jetzt muß mal 'n kleines Kontrastprogramm her: Schöne Landschaft, frische Luft und vor allen Dingen Ruhe.« Ich zog meine Pfeife aus der Hemdtasche. »Und zwar zu bezahlbaren Preisen.«

Er steckte sich eine Zigarette an. »Ja, ruhig ist es hier. Fast ein bißchen zu ruhig. Können Sie denn mit den Leuten reden?«

»Um Gottes willen! Sprachen waren noch nie mein Ding, da brech ich mir nur einen ab. Und Polnisch ist 'ne Halskrankheit, oder? Von der Grammatik ganz zu schweigen. Aber die verstehen mich auch so: Sloti, Sloti. Und Sie?«

»Oh, ich lerne es gerade. Das heißt, ich versuchs. Doch Sie haben recht, es ist unglaublich schwer, jedenfalls für mich.« Er tippte sich an die Schläfe. »Es will einfach nichts mehr hängenbleiben. Nur Staub und Kalk.«

»Jetzt aber! Sie sind doch fit. So eine Figur hatte ich nicht mal mit vierzig. Wohnen Sie eigentlich allein hier, wenn ich fragen darf? Oder mit Ihrer Frau?«

»Allein.« Er kratzte sich einen Handrücken. »Meine Frau ist gestorben.«

»Ach so. Tut mir leid. Und ich dachte, hier wäre noch jemand. Weil Sie immer alles liegenlassen und die Fenster und Türen nicht schließen, wenn Sie in die Stadt fahren. Geht mich ja nichts an, aber einmal sah ich Sie am anderen Ufer, bei den Wasserlilien, und hier stand alles offen. Das sollten Sie nicht tun! Erstmal kommen ganz unverhofft Stürme vom Meer und fetzen Ihnen den Kram durch die Gegend. Und dann kenne ich doch meine Pappenheimer! Was glauben Sie, warum eine bestimmte Art von Lenkradschloß Polenklemme heißt.«

Er runzelte die Brauen. »Ach so? Ich hab noch nichts vermißt. Was sollte man mir denn stehlen?«

»Oh, da kennt die Phantasie keine Grenzen. Die klauen Ihnen Klinken von den Türen und Zahnbürsten aus dem Becher, glauben Sie mir. Ich fuhr am letzten Montag weg und dachte noch auf der Autobahn: Scheiße, du hast die Polster auf der Gartenbank vergessen. Und ein Päckchen Pfeifenreiniger. Ich meine, das Tor war verschlossen; doch was heißt das. Am Freitag komme ich wieder, und was ist für immer verschwunden? Die neuen Polster, so ein Schottenmuster. Waren zwar von Woolworth, aber immerhin; haben auch Geld gekostet.«

Die Wiese hinter der Scheune war völlig verwildert, und einen Moment lang schwiegen wir und blickten zum See hinunter, wo ein scheinbar leeres Ruderboot trieb. Aber vermutlich lag jemand darin und schlief, und er roch an dem Wein und sagte leise, wie zu sich selbst: »Und die Pfeifenreiniger?«

»Natürlich weg! Einfach geklaut, wie so vieles in letzter Zeit. Dabei gibts keinen im ganzen Ort, der einen Rotzkolben raucht. Pure Gehässigkeit. Übrigens können Sie gern ein paar Äpfel von mir haben, ich pack Ihnen eine Kiste voll, oder auch zwei. Bei uns stapeln sich die Mus- und Kompottgläser bis unter die Decke; kann das Zeug nicht mehr sehen. – Waren Sie eigentlich an der Humboldt- oder an der Freien Universität?«

»Weder, noch. Am Wissenschafts-Kolleg. Und Sie?«

»Ich? Na, studiert habe ich nicht. Jedenfalls nicht die Bücher.« Ich zwinkerte ihm zu. »Eher schon die Leserinnen.«

»Nein, ich meinte: Was machen Sie beruflich?«

»Wieso, sagte ich doch gerade: Kneipe. Ich bin Gastronom. Hab ein kleines Lokal in Braunschweig. Die Lampe, berühmt in ganz Niedersachsen. Schon mal gehört?«

»Tut mir leid. Ich bin selten in der Gegend.«

»Eine Art Jazz-Club, mit Küche. Lief immer ganz gut. Bis vor kurzem jedenfalls. Aber dann war es plötzlich irgendwem im Haus zu laut, und ich mußte Wände und Decken schallisolieren und Sand in die alten Schornsteine kippen, Tonnen. Was meinen Sie, was mich das gekostet hat. Und kaum bin ich fertig, fällt irgendeinem Fuzzi im Ordnungsamt ein, daß die Lizenz für Live-Musik abgelaufen ist, schon seit Jahren! Hatte ihm natürlich jemand gesteckt, eine Frau. Die wollte sich an mir rächen.«

Ich goß uns etwas nach. Der Korken war kaum noch zu schmecken, und Odenkamp nickte. »Ein anstrengender Beruf, das kann ich mir denken. Aber dafür sind Sie ein Menschenkenner, was? Unsereins kennt ja nur Bücher.«

»Das dürfen Sie glauben. Mir macht keiner was vor. Gute Ärzte wissen schließlich auch sofort, was den Leuten fehlt. Oder wie ich immer sage: Nichts Menschliches ist mir fremd. – Wollen Sie die Wiese eigentlich so wuchern lassen? Ist ja Ihr Problem und sieht auch malerisch aus, aber ich glaube, Sie unterschätzen die Wildnis. Irgendwann kommen Sie nicht mehr zum See.«

Er betrachtete seine Zigarette, pustete die Asche von der Glut. »Stimmt«, sagte er. »Ich müßte mir mal 'ne Sense kaufen. Aber ich habs ein bißchen im Kreuz.«

»Ach was, Sense! Damit kriegen Sie das nicht mehr weg. Heuern Sie doch den Janek an. Das ist der Bauer neben der Kirche, dieser kleine Dicke. Der hat so einen Trecker mit Sichelwerk, geht rapp-zapp. Und preiswert ist es auch. Er fährt sowieso mit meinem Sprit. Kassiert zwar das ganze Gras für seine Viecher, hält aber immer schön die Hand auf. Und kaum hab ich wieder eine Tankfüllung bezahlt, mäht er auch noch bei seinen Brüdern und Onkeln. So ist das hier.«

Ich stopfte mir die Pfeife, und er stand auf und ging zu einem kleinen Beet vor der Scheune, zupfte an den Malven herum. Weiß waren sie, pfirsichfarben und tiefrot. »Und Ihre Frau, wenn ich fragen darf?« Mit einem Rechen, der an der Schindelwand lehnte, kratzte er über den Boden. »Hilft sie Ihnen im Lokal?«

Ich riß ein Streichholz an. »Klar, fragen dürfen Sie immer. Sie ist aber nicht wirklich meine Frau. In unserem Alter noch ›meine Freundin‹ zu sagen, finde ich ein bißchen albern, stimmts? Wir sind fast sieben Jahre zusammen, und sie gehört ...« Der Tabak brannte

170

schlecht, und ich paffte und paffte. »... sie gehört zum Künstlervolk. Skulpturen, Zeichnungen, all das Zeug. Aber im Moment hat sie eine Schaffenskrise. Sagt sie jedenfalls, und das wollen wir mal glauben, oder?« Ich stieß den Rauch aus. »Die Regel kanns ja nicht mehr sein.«

Er verzog keine Miene, zerknüllte ein paar welke Blätter. »Eine Bildhauerin? Interessant. Und sie arbeitet hier?«

»In meinem ausgebauten Stall. Wenn sie nicht gerade Obst einkocht, Pilze trocknet, Wäsche bügelt oder Kaminholz hackt. Die sitzt keine zwei Minuten still. Das kann die gar nicht – es sei denn, wir ziehen einen Korken. Doch auch dann rennt sie plötzlich an ihre Staffelei oder zu diesen Knetgummihaufen. Unglaublich. Ich habs nicht schlecht getroffen mit der. Ich meine, sie ist nun keine Schönheit, das nicht. Aber wir verstehen uns blendend, und das bleibt ja wohl das Wichtigste.« Ich kramte in der Tasche nach dem Stopfer, lockerte die Glut. »Meine kleine Spinatwachtel ...«

Er setzte sich wieder. »Ihre was?«

»Na, so nenn ich sie. Weil ich sie mit dem Zeug rumgekriegt hab damals, als sie noch meine Kellnerin war. Ich hatte einen italienischen Koch, einen Könner, und wir haben immer vor dem Aufschließen mit den Musikern zusammen gegessen. So was ist mir wichtig. Der konnte einen Spinat machen, als Beilage – sagenhaft. Ich liebe frischen Blattspinat, nur ganz kurz gedünstet, es gibt nichts Besseres. Aber die ekelte sich richtig und fing an zu würgen. Kommt ja vor, liegt meistens an der Kindheit. Und was hab ich gemacht? – Ihr jeden zweiten Abend eine Gabelspitze voll über den Tisch gehalten: Na los, nur mal kosten, mir zuliebe ... Denkste. Die schüttelte sich, verzog das Gesicht und kriegte sogar feuchte Augen. Vor allen Leuten! Sie wollte einfach nicht einsehen, was ihr entging. Aber schließlich probierte sie ihn doch, mit langen Zähnen, und ich hab die Dosis immer ein bißchen erhöht. Und nach ein paar Wochen, was soll ich sagen, war sie ganz verrückt danach. Die wollte jeden Tag ihren Teller Spinat. Wie finden Sie das?«

Ich grinste ihn an. Doch er stieß nur etwas Luft durch die Nase und starrte auf seine Schuhe, Segeltuchschuhe, bewegte die Zehen unter dem Stoff. Eine Quasselstrippe war er also nicht.

Ringeltauben landeten auf dem Scheunendach, zwei fette Dinger; wahrscheinlich dieselben, die bei uns immer die Atelierfenster verdrecken, und ich räusperte mich und zeigte auf die Bücher. »Und Sie sind Geisteswissenschaftler, was? Gelernter Philosoph? Oder ist das hier schon Theologie? ›Den Blitz begraben‹ – hört sich ja ziemlich mystisch an.«

Er sah auf, und nun war etwas wie Verwunderung in den grauen Augen; lächelnd beugte er sich vor. Sein Hals wirkte ziemlich straff für das Alter, und die Zähne schienen noch seine eigenen zu sein. »Mystisch? Wie meinen Sie das?«

»Na ja ...« Ich trank mein Glas leer, kratzte mir die Wade und hatte plötzlich das Gefühl, ich sollte meine gottlose Klappe halten. Der Rohrstuhl knackte. »Wäre mysteriös ein besseres Wort? Ich wollte nur sagen: Ich verstehs nicht.«

»Ach so.« Auch er trank einen Schluck, und einen Moment lang dachte er wohl nach. Doch dann drückte er seine Zigarette aus, eine polnische mit hohlem Filter, und schüttelte den Kopf. »Na, da kann ich Sie trösten; mir geht es ähnlich.« Die Hände im Schoß, knibbelte er an den Nägeln, und was mir fast begeistert vorgekommen war an ihm, sah wieder müde aus und grau. Er blickte auf die Uhr, ein Plastikding. Ich tat so, als hätte ich das nicht bemerkt.

Ich steckte die Pfeife zwischen die Zähne und verschränkte die Finger im Nacken. »Ach ja, das Landleben ... Sie werden es lieben. Ich bin viel ruhiger geworden. Diese Gegend ist mein Lichtblick, da kann es zu Hause noch so kotzbrockig sein. Dann denk ich: Leck mich doch kreuzweise alle. Jeden Freitag setze ich mich in meine Karre, laß mir von den Jungs hier einen fetten Hecht angeln, atme ein paar Schnitzel ein und schlürfe einen guten Tropfen. Wozu lebt man denn. Als ich diese Kamine mit Sand füllen mußte, brach irgendwo eine Klappe auf, und ein paar Schubkarren voll rutschten erst mal in die Bude. Mama mia. Die Leute waren im Urlaub, und dann kommen sie zurück und haben den Strand im Wohnzimmer. Alles kaputt – sagen sie jedenfalls. Und jetzt heißt es zahlen, und zwar ... Dafür muß ein Pole ein Jahr schuften. Aber meinen Sie, das regt mich auf? Hier wird man einfach gelassener. Sollen sie mir den Kuckuck auf'n Hintern kleben!«

Ich klopfte mit der Pfeife gegen den Tisch; die Asche rieselte ins Gras. Dann blickte ich auf meine Uhr, einen ziemlich gut gemachten Rolex-Blender, und stemmte mich aus dem Stuhl. Der Nußbaum hing schon voller grüner Kugeln. »Fruchtbares Klima hier, nicht wahr? Weil die Luft schön feucht ist zwischen den Seen. Deswegen sind Ihre Stockrosen auch so hoch. Haben Sie eigentlich trockene Wände?«

Er zuckte mit den Achseln. »Ich weiß nicht. Das hoffe ich doch. Warum?«

»Ach, ich frag nur. Meine Freundin kriegt immer so'n Ziehen in den Gelenken und kann dann kaum noch malen. Erst heute wieder. Im Winter kommt sie gar nicht mehr. Sie sagt, die Wände sind schlecht isoliert. Als ob ich mir ein klammes Haus zulegen würde! Na schön, ich hatte keinen Gutachter, man weiß ja, was die kosten. Aber sonst: Nur beste Baustoffe, und die Handwerker eins a. Darf man sich doch gönnen hier. – Fahr allein auf deine Rheuma-Ranch, sagt sie manchmal. Oder sie reist früher ab … Rewert ist übrigens ein Vorname.«

»Ich weiß«, antwortete er und stand ebenfalls auf. »Ein friesischer, nicht wahr? Ich hatte mal einen Studenten: Rewert Tode. Kam von Juist. – Ich heiße Joachim. War nett, Sie kennengelernt zu haben.«

Wir gaben uns die Hand, und er brachte mich zum Tor. Dabei sah ich in die offenen Fenster des Hauses. Er wohnte tatsächlich in den Möbeln des alten Bauern, diesem ganzen Resopal- und Spanplatten-Schrott aus den siebziger Jahren, und auf dem Kühlschrank stand eine Batterie Konserven, Eintöpfe wohl. Ich hatte schon ein, zwei Korken gezogen an dem Tag, und als ich mich noch mal umdrehte, wurde mir komisch. Die Hitze … Ich hielt mich am Zaun fest. »Wie fanden Sie übrigens den Wein?«

»Oh, danke. Recht gut.«

Ich grinste. »Na, das will ich meinen, bei dem Preis. Aber ich glaube, er hatte eine leicht ironische Note. Wissen Sie, was ich jetzt tun werde, Jochen? Ich geh in meinen Garten, mein herrliches Atrium, und pflück Ihnen eine Kiste voll Äpfel, die besten. Das werd ich tun. Die sind so früh dran in diesem Jahr, die sollte man verputzen. Und ich kann keinen Kompott mehr sehen. Wie wärs? Nachbarn müssen zusammenhalten.«

»Nein, nein.« Er berührte meine Schulter, ganz sanft. »Lassen Sie nur. Ich komme mir bei Gelegenheit welche holen.«

»Gelegenheit! Hic rhodos, hic salta, Herr Professor! Wenn Sie die jetzt nicht essen, sind die morgen Gezwitscher. In zehn Minuten bin ich wieder da. Aber Sie müssen mir eins versprechen: Geben Sie uns die Kiste zurück. Zu Hause nimmt so was nur Platz weg oder kommt auf den Müll, aber hier auf dem Land – unschätzbar, werden Sie noch sehen. Plastiktüten gibts ja eher selten. Also brauchen Sie dauernd irgendwelche Säcke, Kübel oder Kisten. Okay?«

Er nickte zwar, doch es sah abwesend aus; er schien sich für etwas auf der anderen Straßenseite zu interessieren. Irgendwer schlurcht immer durchs Dorf. »Und nicht vors Tor stellen, hören Sie, sonst ist die weg. Klopfen Sie an. Die klauen einem nämlich alles, den wertlosesten Kram. Das ist nun mal so, will ich auch gar nicht kritisieren. Aber man muß es wissen. Und wenn man dauernd was rumliegen läßt und die Fenster und Türen nicht abschließt, fordert man die regelrecht auf, nicht wahr. Dann denken die natürlich:

Oh, ist das schön einfach hier. Zigaretten, Brieföffner, Kamera, zack. Sogar Bücher nehmen die mit, für den Flohmarkt. Und dann zerfetzen sie die Betten, scheißen in die Küche und sagen: So, jetzt gehen wir mal rüber zu dem anderen Deutschen, vielleicht ist es da auch so bequem … Und schon hat man sie wieder auf dem Hof. Verstehen Sie, was ich meine? Na ja, ich hol Ihnen erst mal Äpfel.«

Ich glaube, da hatte er was begriffen. Da war ihm was klargeworden. Ich hörte es förmlich klickern in seinem Kopf. Jedenfalls sah er mich nachdenklich an, und als ich eine Stunde später vor seinem Gartentor parkte, war es geschlossen; also nicht verriegelt, aber geschlossen, wie die Fenster und Türen seiner Bruchbude auch. Er schien weggefahren zu sein, der Volvo stand nicht in der Scheune, und ich öffnete meinen Kofferraum, stellte die Äpfel hinter einen Stapel Buchenscheite und legte einen Zettel obenauf: Bitte Kiste bei Gelegenheit zurück. Dann fuhr ich in die Stadt und holte mir einen Film. Am Rand des Sees stakste ein Reiher durch das Gras, ganz langsam, wobei er den Kopf hin und her drehte, und ein Reflex der späten Sonne zuckte in seinen gierigen Augen.

Das war vor etwa einem Jahr gewesen, kurz vor Inges Ausstellung in dem Danziger Reisebüro, und ich hatte Odenkamp seither nicht wieder getroffen. Laut Janeks Frau, die manchmal bei ihm putzte, hatte er sich einen Ruhe- und Leseplatz hinter der Scheune eingerichtet, so daß wir ihn im Vorgarten kaum noch sahen. Manchmal stand er am Küchenfenster, schälte einen Apfel oder löffelte etwas aus einem Topf, und wenn ich dann hupte, blickte er zwar auf, reagierte aber nicht; jedenfalls nicht sichtbar. Vielleicht war er ja krank; fahl sah er aus, noch magerer als im vorigen Jahr, und die Augen wirkten matt. Das hatte ich schon oft erlebt. All diese Bremer, Dortmunder und Berliner über sechzig, die sich hier ein Haus kaufen, so einen Lebenstraum am Waldrand oder See, um endlich ihre Ruhe zu haben: Kaum ist alles renoviert und eingerichtet, kaum könnte es schön sein, kriegen sie einen Infarkt. Deswegen laß ich mir immer 'ne Baustelle offen.

Nun war es aber wieder September, die Äpfel wurden reif, und Inge zählte unsere Kisten. Sie sind übrigens nicht einfach zusammengetackert, sondern richtig geschreinert; Winzerkisten mit verzinkten Nägeln. »Fehlt da eine?« fragte sie. »Waren es nicht zwölf?« Und da fiel es mir ein; man wird ja doch ein bißchen fahrig mit der Zeit. Ich hatte überhaupt nicht mehr daran gedacht, aber da fiel mir die verdammte Kiste wieder ein.

»Na, dann hol sie doch«, sagte Inge und legte die anderen mit Zeitungen aus. »Oder soll ich vorbeigehen?«

»So weit kommts!« Ich hatte einen Kürbis gepflückt, ein Riesending mit seltsamen Auswüchsen auf der Schale, und brachte ihn in die Küche. »Erst hält er es nicht für nötig, sich vorzustellen, der Herr Professor, und ich geh zu ihm wie ein Blöder und spendier meinen besten Roten, ohne daß er mir auch nur eine Zigarette anbietet; anschließend schlepp ich ihm fünfeinhalb Kilo Äpfel ins Haus – und jetzt soll ich mir selbst das Leergut holen? Du spinnst wohl.«

»Na, dann nicht. Vielleicht reichen die Kisten ja auch.«

»Nein, nein.« Ich nahm eine Flasche aus dem Gefrierfach und wischte das Eis von der goldenen Ähre. »Ich schau jetzt mal im Telefonbuch nach. Der kann hier ja meinetwegen den vornehmen Akademiker spielen; ist sein Problem. Aber es gibt ein paar Regeln, weißt du. Der hat sich das ganze geschlagene Jahr nicht bei uns sehen lassen! Ich meine, wieso ist der hier, wenn er mit niemandem was zu tun haben will. Wir sind nicht in einem Berliner Mietblock, verdammt, wir leben auf dem Dorf, da muß man doch miteinander reden. Vergräbt sich hinter seinen Schwarten und mimt den großen Philosophen, aber eine Obstkiste zurückbringen, das kann er nicht! – Wo ist denn das Telefonbuch?«

»Das was?« Inge zog an jedem einzelnen ihrer Finger, und manchmal knackten die Gelenke. Dabei verengte sie die Augen. »Du hast keins, Schätzchen; noch nie gehabt. Mit wem willst du hier reden? Wir fangen mal mit dem Kochen an. Spülst du die Gläser?« – Ich öffnete den Schnaps und zeigte auf die Pinnchen im Regal. Doch sie meinte die Einmachgläser.

An dem Tag war es sehr stürmisch, die Äpfel fielen von selbst ins Gras, und am nächsten und übernächsten stiegen wir auf die Leitern. Allerdings gab es nur halb so viele Früchte wie im vorigen Jahr, kleinere auch; sie schmeckten irgendwie holzig und hatten Würmer, und Inge sagte: »Na, siehst du. Soll er das blöde Ding behalten.«

Aber das sah ich nicht ein. Wo sind wir denn. Am Montag, kurz vor unserer Abfahrt nach Braunschweig, gab ich Janek einen Brief für den Professor, in dem ich noch einmal nachdrücklich um die Rückgabe der Kiste bat.

Es sei mir dringend, und er könne sie auch einfach vor unser Tor stellen. Der Bauer runzelte zwar die Stirn, und seinem Blick sah ich an, daß er sich fragte, warum ich nicht selbst hinging; doch dann legte ich einen Schein dazu, und er trottete davon.

Inge schmunzelte, warf einen Sack Trockenpilze in den Kofferraum, und ich setzte mich ans Steuer und stopfte die Pfeife. »Da gibts nichts zu grinsen, hörst du. Das ist einfach mies; Menschen verhalten sich nicht so! Ich meine, wenn er jahrzehntelang die großen gedanklichen Probleme wälzt und im Kleinen so eine Schludrigkeit an den Tag legt, kann etwas nicht stimmen mit ihm, mit der innersten Wahrheit seiner Sache, oder? Dann soll er mit diesem Plotin auf den Mond gehen!«

Jetzt lachte sie und strich mir über den Kopf. »Du bist wirklich süß, mein Dicker. Du kommst ja richtig in Rage. Der heißt übrigens Platon. Fahr los!«

Am nächsten Wochenende wollte sie nicht mitkommen. Angeblich fühlte sie sich schlecht, und wir stritten uns lange über die Kellerasseln im Atelier, die es ihrer Meinung nach nur in feuchten Räumen gebe, über die neuen Dielen im Gästezimmer, die schon schwarz wurden unter dem Lack, über dies und das. Sie will einfach nicht einsehen, daß man auf dem Land ein paar Abstriche machen muß. Es gibt immer Spinnweben und Insekten, und es riecht auch nicht parfümiert. Aber gut, fuhr ich halt allein.

Ich schob mir einen Braten in die Röhre, zog diverse Korken und setzte mich auf die Terrasse. Es war zwar noch warm, wurde jedoch deutlich früher Abend, und die Schwalben schienen schon weitergezogen zu sein. Der Himmel verfärbte sich violett, der See lag wie schwebend vor dem Wald, und manchmal sprang hier und da ein Fisch, ein winziger. Auf den Äckern in der Ferne brannte man Stoppeln ab.

Nach dem Essen trank ich ein kleines Glas Goldwasser und machte mich in dem Tuchstuhl hinter den Wicken lang. Ich befühlte gerade diese Stelle am Oberbauch, die mich in letzter Zeit ein bißchen quält – druckempfindlich ist sie jedenfalls nicht, und vielleicht handelt es sich doch um ein orthopädisches Problem, wie Inge meint; da sollen ja viele Nerven liegen –, als es plötzlich in der Nähe knackte. Wenn du auf dem Land lebst, bringt dir die Stille schnell bei, wer welche Geräusche macht. Ein Tier, ein Igel oder Iltis etwa, war das jedenfalls nicht, und ich blieb regungslos in der schattigen Ecke sitzen und wartete ab. Das Messer, mit dem ich den Braten geschnitten hatte, lag in Reichweite.

Ich habe auf der Westseite Hortensien und Essigbäume gepflanzt, ziemlich dicht; niemand kann auf mein Grundstück sehen, aber manchmal kommen Hunde herüber, kleine räudige Allesfresser. Inge gibt ihnen Küchenreste, eine Schüssel steht immer neben dem Carport. An dem Abend war es allerdings ein Kind, das sich durch die Sträucher zwängte, einer von den vielen Jungen, die ich nie auseinanderhalten kann in ihren kurzen Hosen. Wie auf Zehenspitzen überquerte er die Wiese, blieb vor der offenen Küchentür stehen und äugte durch den Fliegenschutz, einen Vorhang aus bunten Perlen. Zaghaft klopfte er gegen den Rahmen.

Ich sagte nichts. Ich blieb hinter den Wicken, hielt eine

Hand über die Pfeifenglut und fragte mich, warum die Knirpse hier alle so mager sind. Wie Kriegskinder sehen sie aus in den karierten Hemden, die weizenfarbenen Haare in der Stirn; dabei essen sie dicke Milch und Fettgebackenes die Menge, und manche saufen schon mit zwölf. – Der Junge rief etwas; die Sandalen kaputt, die Knie zum Erbarmen knochig, das Gesicht trotz des langen Sommers fahl, trat er noch einen Schritt vor und rief meinen Namen mit einer Stimme, die mich doch überraschte an dem stillen Abend. Ganz rein und hell, als gäbe es nichts anderes unter dem Himmel. Und dann stellte er die Kiste hinter die Schwelle und machte sich auf demselben Weg durch die Sträucher davon.

Ich rührte mich nicht. Ich blickte auf den See, rauchte und trank in aller Ruhe die Flasche Wein leer, einen guten, etwas schweren Rioja, Geschenk des Winzers. Wie schwarze Scherenschnitte standen die Bäume und Sträucher vor der spiegelnden Wasserfläche, und als es fast dunkel war, klopfte ich die Pfeife am Absatz aus und erhob mich. – Kein Brief oder Zettel, doch die Kiste war unversehrt, und ich entriegelte das Tor und blickte auf die Straße.

Es gab nur eine Laterne im Ort, ein orangefarbenes Licht auf dem Platz vor dem Kiosk, dessen Rollo herabgelassen war. Nirgendwo ein Mensch, und auch die Autos standen längst in den Garagen. Aus Janeks Stall kam das Geklapper von Eimern, hier und da lief ein Fernseher hinter den Gardinen, vor der Kapelle saß ein Hund und starrte auf seinen Schatten, und im Wald jenseits der Dächer schrie ein Kauz. Ich ging mitten auf der Straße und pfiff tonlos irgendeine Melodie.

Vor Odenkamps Grundstück angekommen – das Haus war dunkel, nur im Dachfenster Licht, eine Klemmleuchte über den Büchern –, blickte ich nach links und rechts. Nicht einmal Fledermäuse waren zu sehen, und ich legte die freie Hand auf meine Stelle, holte Luft und schleuderte die Kiste in hohem Bogen in den Garten. Sie drehte sich um ihre Achse, die Nagelköpfe blitzten, und ich hätte mir ein Krachen gewünscht. Doch sie fiel in das Beet vor der Scheune, in die aufgelockerte Erde dort; es machte kaum ein Geräusch.

Tausend Mönche

Das Auto kam aus der Kehre vor dem Ostbahnhof, und als es über eine Asphaltwelle fuhr, rappelten die Ladeklappen. Verwundert blickte Carst sich um, und einen Moment lang vergaß er, daß er mitten auf der Straße stand. Jemand hupte, ein Bus bremste hart neben ihm, das Zischen der Drucklufttür ließ ihn zusammenzucken. »Nu wat!« rief der Fahrer, an dessen Ohr etwas glitzerte; hinter ihm pendelten Halteschlaufen. »Willste festwachsen da?!«

Dabei lächelte er, und der Anwalt hob eine Hand und zog seinen Trolley weiter über den Vorplatz. In den Platanen saßen Krähen, und es war so kalt, daß man ihren Atem sah, wenn sie krächzten. Er schüttelte den Kopf. *Offenbarung* hatte er gelesen, in roten Buchstaben. Auf einem Laster voller Schutt.

Das Reisezentrum war überfüllt, Sportfans grölten vor den Automaten, und er beschloß, das Ticket im Zug zu lösen. Auf dem Bahnsteig warf er eine Münze in das Telefon, und obwohl sie ins Rückgabefach fiel, bekam er eine Verbindung. Doch Frau Mohn, seine Sekretärin, war schon gegangen, und er sagte ihr aufs Band, daß er sein Handy im Regal vergessen hatte. Irgend etwas an dem Hörer klebte; er wischte sich mit dem Handrücken über das Ohr.

Der Zug war leer, jedenfalls in der ersten Klasse, und
Carst hängte seinen Mantel neben einen Vierertisch
mit Steckdose und packte das Diktiergerät und die
Ordner aus. Dann schob er den Koffer hinter den Sitz
und ging in den Bistrowagen. Schmutzige Gläser auf
den Tischen, übervolle Aschenbecher, und als er einen
Kaffee verlangte, schüttelte der Barmann den Kopf.
»Die Maschine ist defekt. Tee könnte ich Ihnen anbieten.«
Carst bestellte einen Schokoriegel dazu und blickte
aus dem Fenster, als der Zug anfuhr. Die Sonne stand
schon tief, die Schatten der Bänke und Papierkörbe waren fahl wie Wasserzeichen, und ein Spatz mit einem
Stück Cellophanpapier im Schnabel verschwand zwischen den mächtigen, hoch sich aufwölbenden Trägern
der Halle.
Die Räder quietschten; die Bespannung zwischen den
Großraumwagen wurde zusammengedrückt und wieder auseinandergezogen. Eine elegant gekleidete Frau
mit rotbraun getönten Haaren und ein elf- oder zwölf-
jähriges Mädchen in Cargohosen und bauchfreiem
Top waren ebenfalls zugestiegen, Mutter und Tochter,
wie es schien. Beide lasen in dicken Büchern und sahen
kurz einmal auf, und er nickte und ging zu seinem
Tisch, stellte die Tasse in die Vertiefung.
Er unterschrieb mehrere Berichte, von denen er nur
die ersten und die letzten Sätze überflogen hatte, machte ein paar Notizen, strich sie wieder durch und öffnete den Ordner, in dem es wenigstens etwas zu bilan-
zieren gab. Eine Menge sogar, und während er sich mit
der Schutzkappe des Füllers gegen die Zähne klopfte

und so tat, als sähe er grübelnd in den Abend, betrachtete er die Kleine, ihre Spiegelung im Fenster.

Sie war aufgestanden und kam langsam durch den Gang. Dabei flötete sie vor sich hin, wendete ein paar herumliegende Zeitungen und zog einen vergessenen Schal aus der Ablage, prüfte ihn zwischen den Fingern. Ihr orangefarbenes Top war bestickt, ein Schwein aus Straß, und sie wiegte sich in den schmalen Hüften und gab jedem der Sitze einen Klaps, auch seinem. Ein Pflaster klebte auf dem Nabel, und als er über den Rand der Lesebrille blickte, zwinkerte sie ihm zu.

Dann verschwand sie hinter der Glastür, und kurz darauf leuchtete das WC-Zeichen auf. »Ja, im Zug. Ja, aus Berlin. Wir ziehen wohl um«, sagte ihre Mutter am anderen Ende des Wagens, und plötzlich konnte er sich nicht mehr konzentrieren und klappte den Ordner wieder zu.

Seine Sekretärin rauchte zuviel, die Unterlagen rochen entsprechend, und er schob sie von sich, verstellte den Sitz und hörte dem Rattern der Räder zu. Es klang irgendwie entfernt und doch synchron zu seinem Puls, und obwohl er die Augen geschlossen hatte, wurde es noch einmal dunkler, und das Mädchen sagte nah an seinem Ohr: »Guten Abend, Herr Dr. Carst. Möchten Sie einen Himbeerdrops?«

Eine Stimme wie die seiner Tochter vor Jahren; sie war immer noch auf seiner Mailbox, und manchmal, wenn er angespannt war oder niedergeschlagen, hörte er sie ab. Der Atem roch süß. »Nanu. Kennen wir uns?«

Sie kramte in den Taschen der modischen Hose, die zartbraunen Beckenkämme kamen zum Vorschein, und nach einem raschen Blick durch den Wagen, zu ihrer telefonierenden Mutter, sank sie auf den Sitz gegenüber. Es klackte leise, als sie das Bonbon im Mund verschob.

Ihre blonden Haare waren kurz und etwas fransig geschnitten, und sie hatte wache Augen, blau, und einen schmalen Mund, der jedoch breit und sinnlich wurde, als sie lächelte. Mit einer Kinnbewegung wies sie auf die Unterlagen und sagte leise: »Hab ein bißchen spioniert, als wir reinkamen, sorry. Das ist sonst mein Platz. Da haben Sie die ganze erste Klasse und das Bistro als Knautschzone, falls wir eine Brücke rammen. Was heißt denn das J. vor Ihrem Namen? Leute mit J find ich gut.«

Ihr schlanker Hals und auch die Hände kündigten eine Weiblichkeit an, die einmal beunruhigen würde; doch vorerst war sie noch Göre, und schmunzelnd hob er die Brauen. »Und du?« Er dämpfte seine Stimme nicht. »Wie heißt du?«

Sie schob das Diktiergerät zur Seite und legte die Unterarme auf den Tisch. »Jutta jedenfalls nicht ... Mensch, wenn ich diesen Papierkram sehe! Sind Sie etwa auch Anwalt? Im Ernst? Das ist doch tödlich, oder? Mein Vater sieht selbst schon aus wie 'n Ordner – ich meine, sein Haar. Bestimmt haben Sie einen Golden Retriever. Und eine Schwäche für Golf.«

Er stieß etwas Luft durch die Nase. »Nein, aber ein Segelboot. Allerdings nur so ein kleines, in der Flasche.«

»Hach, wie witzig.« Sie verzog das Gesicht. »Sie *sind* ja 'n Scherzkeks. Wohin fahren Sie denn?«

»In den Norden«, sagte er, und sie nickte, zerbiß das Bonbon.

»Wir auch. Nach Glücksburg, kennen Sie das? Na, wahrscheinlich; kennt jeder. Das Wasserschloß ist berühmt. Sie zeigen es immer vorm Wetterbericht, wenns schön wird.«

»Ja, ich erinnere mich. Ein weißes mit vier Türmen, stimmts? Rote Ziegeldächer.«

»Genau. Idylle pur. Alle Brautpaare und Jubilare lassen sich unter dem Torbogen fotografieren, und diese Kitsch-Serien im Fernsehen werden da gedreht. Aber was keiner weiß: Die ganze verdammte Steintorte steht auf einem Friedhof. Echt. Tausend Mönche liegen da, können Sie nachlesen. Und dann kommt so ein Herzog oder was, flutet die Gräber und setzt sein Liebesschloß drauf. Cool, oder? – Und wohin genau in den Norden?«

»Nach Flensburg.«

»Ach, da haben wir auch mal gewohnt. Das Haus war besser. Der Garten ging runter bis zur Förde, und man hätte prima einen Hund halten können.« Sie wies mit dem Daumen hinter sich und zischte: »Aber sie wollte es nicht. Sie mag überhaupt keine Tiere, nicht mal Vögel. Zwei Pelzmäntel hat sie im Schrank.« Das Kinn auf den Händen, schloß sie die Augen. »Raten Sie mal, wie ich ihn nennen würde.«

»Wen jetzt? Den Hund?«

Sie nickte verträumt, und ihre Mutter, nach wie vor das Telefon am Ohr, stand auf und nahm eine Zeitschrift vom Haken. »Nein, Junge, nein! Du hörst jetzt gefälligst zu! Ich will nicht, daß du das Zeug immer kalt hinunterschlingst; wir haben eine Microwelle. Leg noch eins von diesen Schnitzelchen dazu, die waren sehr zart. Und dann ab ins Bett!«

»Macht er doch nicht«, murmelte das Mädchen und sah kurz einmal auf. »Mein Bruder. Wissen Sie, was der immer ißt? Diese neuen Fruchtgummis. Aber nicht die süßen, sondern die ekligen, die nach Tomaten oder Zwiebeln schmecken.«

»Also Gemüsegummis?«

Sie nickte, schloß wieder die Augen. »Der ist total lieb. Wäre beinahe weggewesen voriges Jahr. Ein besoffener Autofahrer hat ihn vom Bike geholt. Aber er hatte keine Angst. Na ja, sagte er, wenn ich jetzt sterben muß, Fünkchen, dann helf ich dir eben als Engel.« Sie grinste. »Der Angeber. Er ist zwei Jahre jünger als ich, und was meinen Sie, wie oft ich den schon rausgehauen hab. Glauben Sie an Engel?«

Er zuckte mit den Achseln. »Fünkchen heißt du?«

»Quatsch! So nennt er mich nur. Eigentlich heiße ich Citha Maria. Wieso reiben Sie denn dauernd an Ihrem Ohr?«

»Citha? Ein schöner Name. Bißchen ungewöhnlich, oder?«

»Na klar. Ich hab auch dreiunddreißig Zähne. Wollen Sie mal sehen?«

Sie riß den Mund auf, zeigte ihm die himbeerrote Zunge, und er hob eine Hand. »Nicht nötig, danke. Ich glaubs.«

Sie schluckte, ließ ein leises Rülpsen hören. »'tschuldigung. Was machen Sie eigentlich im Norden. Dicke Geschäfte?«

»Ach, wer weiß … Vielleicht ruhe ich mich nur aus.«

»In Flensburg?! Mann, das ist nicht Ihr Ernst. Da sind Sie schon bedient, wenn Sie den Bahnhof sehen!«

»Ich hab eher an einen Ort in der Nähe gedacht. Kennst du Ahneby?«

Sie schüttelte zwar den Kopf, doch es sah abwesend aus. Sie blickte durch den Spalt zwischen den Sesselrücken. »Webster«, flüsterte sie. »Wäre das nicht toll? Ich würde ihn Webster nennen. Wie stehts eigentlich mit 'ner Zigarette?«

»Ich rauche nicht, tut mir leid. Und du bist ganz sicher noch zu jung, oder?«

»Ach so, *die* Leier. Hätt ich mir ja denken können. Bloß keinen Spaß. Krieg ich denn was von Ihrem Tee?«

Er zögerte einen Moment, doch als sie sich mit dem Handrücken über den Mund fuhr, nachdrücklich, schob er ihr die halbleere Tasse hin. Sie roch daran, trank einen Schluck, verzog das Gesicht. »Grüner? Und ohne Zucker? Wie bei Tante Line. – Ist gut gegen Krebs, oder? Haben Sie Krebs?«

»O Gott! Ich hoffe, nicht.«

»Halb so tragisch. Meine Tante lebt auch immer noch. Die mag ich sehr, wegen ihrer vertüddelten Wohnung. Sie hat eine Standuhr mit Westminster-Schlag, und als wir klein waren, haben wir uns darin versteckt. Später kamen dann Briefe von der Oma, tränenverschmiert: Linchen hat einen Tumor, schlimm, schlimm. Aber ich mußte immer lachen, weil ich Humor gelesen hatte. Das ist so ein Tick von mir. Ich verdrehe Wörter und Buchstaben, aber nicht mit Absicht. Oder ich versteh sie falsch. Als neulich dieser Tom Jones im Fernsehen sang, so ein Dicker in Schwarz, der immerzu schwitzte, sagte Papa: Donnerwetter, der brüllt ja wie in alten Zeiten! Und wissen Sie, was ich verstanden hab? Der brüllt wie alte Seife. Kennen Sie so was auch?«

»O ja.« Er griff sich an den Kragen, lockerte den Schlips. »Wenn irgendwo Nadelstreifen steht, und ich hab grad Hunger, lese ich garantiert Nudelstreifen. Und als Kind hab ich immer gesagt: Da läuft mir der Mund im Wasser zusammen.«

Sie klatschte in die Hände, und ihre begeisterten Augen kamen ihm plötzlich heller vor. Nur an den Rändern blieb die Iris dunkel. »Als wir mal Urlaub in Südfrankreich gemacht haben, fand ich den Käse so eklig. Das Essen dauerte sowieso immer zu lange, und dann noch diese schimmeligen und halb zerlaufenen Stinksachen hinterher! Igitt! Also hab ich lieber mein Buch aufgeschlagen. Es war über die Arktis, über die ersten Expeditionen, total spannend, und da stand dauernd Kältetod, Kältetod. Und raten Sie mal, was ich gelesen habe. Käsetod, immer wieder Käsetod. – Papa sagt, ich hab den poetischen Blick. Und jetzt wieder Sie!«

»Oh, ich fürchte, mir fällt nichts mehr ein.« Er zog sein Taschentuch aus dem Sakko, wischte über das Ohr. »Oder doch! Neulich lag ein Prospekt im Kasten, und ich las: Gewinnen Sie einen Krankenschein im Wert von tausend Euro. Aber natürlich stand da Tankgutschein! Und dann gibt es einen Beerdigungsunternehmer in meiner Straße, der heißt Münzer, und immer wenn ich eilig daran vorbeifahre, lese ich Münz-Bestattungen.«

»Auch nicht schlecht! Man wirft zwei Euro rein, und

zack, ist man weg.« Die Kleine kratzte sich den Rükken. »Wir unterhalten uns ganz schön gut, oder? Rosenfrisch, Hosenfisch. Haben Sie noch was?«

Er überlegte und steckte das Tuch wieder ein. Dann hob er die Tasse an den Mund und trank einen Schluck von dem Tee, der süßer schmeckte als zuvor; auf dem Grund lag ein Stück des Bonbons, hauchdünn. »Heute abend vor dem Bahnhof fuhr ein Laster an mir vorbei«, murmelte er und starrte auf ihre Hände, den Ring aus Filz, auf den eine Perle genäht war. »Weiß, mit roter Beschriftung, und einen Augenblick lang glaubte ich tatsächlich, ich hätte *Offenbarung* gelesen – auf einem Wagen voller Schutt! Ist das nicht verrückt?«

Er kippte den Rest hinunter, zerbiß den süßen Splitter, und das Mädchen wollte wohl etwas sagen – da erhob sich ihre Mutter und trat in den Gang. »Das war ein Funkloch, Liebe. Nein, nein, wir sind noch im Zug. Ja, aus Berlin. Wir haben uns schon mal das Haus angesehen. Doch, es ist schön, kann man nicht mekkern, größer auch. Aber die Luft ist nicht zum Aushalten. Da stehen noch mehr von diesen Kachelöfen, als man denkt. Ja, genau. Mir graut vor dem Umzug. Aber ich werd jetzt mal auflegen, du. Krieg schon heiße Ohren. Außerdem muß ich nach der Kleinen sehen; die wollte bloß pinkeln und ist immer noch nicht zurück. Aber sicher. Zigaretten schnorrt sie, was sonst. Bis dann!«

Sie warf das Telefon auf den Sitz, und als Citha die raschen Schritte hörte, mit denen ihre Mutter durch den Wagen kam, machte sie theatralisch große Augen, hielt sich einen Finger vor den Mund und glitt, ehe

Carst etwas sagen konnte, unter den Tisch. Er fühlte ihre Hände auf den Knien und blickte aus dem Fenster, hinter dem es dunkel wurde. Er musterte sein graumeliertes Haar.

Während die Landschaft mit den vereinzelten Lichtern davonzuschnellen schien, zog die Frau sich an den Sessellohren wie an Schultern vorwärts. Sie trug ein dunkelblaues Kostüm und hohe Pumps, und der Seitenblick, mit dem sie ihn taxierte – die Wangen sanken leicht nach innen –, war eine Mischung aus Argwohn und Interesse. Eine Sonnenbrille steckte in ihrem Haar, die Goldverzierung an den Bügeln blitzte, und dann war sie auch schon vorüber, und ihre Tochter hob den Kopf. »Puh! Haben Sie das Parfüm gerochen? Dafür braucht man in Schweden einen Waffenschein.«

Carst ließ ein unwilliges Schnalzen hören. »Nun steh mal bitte auf, ja? Setz dich wieder hin!«

»Wieso, ist doch gemütlich hier. Außerdem kommt sie gleich zurück. Sie macht alles ganz schnell. Da fällt mir ein: Raten Sie mal, was ich immer lese, wenn irgendwo Möwenpick steht ... Ach nee, sag ich jetzt lieber nicht! – Sie tragen Ihre Socken falsch herum.«

»Oh ja? Das passiert. Aber die sind ja beidseitig schwarz.«

»Trotzdem. Sie laufen umgestülpt durch die Welt.« Sie kicherte, drückte die Ellbogen hinter sich auf den Sitz und kam langsam hoch. »Manchmal spiel ich mit meinem Bruder fremdes Leben. Wir schmeißen den Einkaufszettel weg, den Mama uns gegeben hat, und nehmen einen von denen, die immer in den Korbwagen liegen. Und dann kaufen wir das ein, was draufsteht, ob wirs mögen oder nicht. Oft sind es Sachen, die es bei uns nie geben würde – Kefir, Sülze, Frau im Spiegel, und so weiter. Und wenn wir dann zu Hause sind, essen wir alles und sprechen uns mit verstellten Stimmen an. Einmal haben wir vierzig Mottenkugeln, ein Kilo Gehacktes und ein Päckchen Kondome gebracht. Da war was los!«

Sie stutzte, hob den Kopf. Die Glastür glitt zur Seite, und ihre Mutter, Daumenspitzen an den Hüften, trat an den Tisch. »Zittel!« Sie war etwas außer Atem. »Mensch, bist du jetzt total bescheuert? Wie kannst du mich so erschrecken! Ich renne durch den halben Zug, und einen Moment lang dachte ich wirklich ...« Drohend hob sie eine Hand. »Du kleine Irre! Was machst du überhaupt hier?«

Wieder musterte sie Carst, strenger als zuvor, warf auch einen Blick auf seine Akten, und die Tochter zog einen Mundwinkel in die Wange und verdrehte die Augen. »Darf ich vorstellen: Mama.« Dann strich sie sich so gleichzeitig mit ihr eine Strähne hinters Ohr, daß er es als Parodie erkannte und sich grinsend erhob. Die Hand der Frau war wärmer als seine.

»Wieso lassen Sie denn Ihren Doktor weg?« sagte die Kleine, nachdem er sich vorgestellt hatte. »Ein Jurist, genau wie Papa. Aber er hat seiner Tochter einen Hund geschenkt, obwohl sie in Berlin leben, was sagst du jetzt. Einen Golden Retriever. Wir haben uns prima unterhalten, wir sind zwei geborene Wortverdreher. Willst du ihn nicht mal zum Essen einladen?« Dann wies sie mit dem Daumen auf ihre Mutter und flüsterte laut: »Sie hat ein Tattoo. Und wissen Sie wo?«

Die Frau lachte auf. »Jetzt reichts! Wie oft habe ich dir gesagt, du sollst die Leute nicht belästigen. Siehst du nicht, daß der Herr arbeiten möchte?«

»Wieso, kann er ja. Ich störe ihn nicht. – Störe ich Sie? Bin still wie 'n Kerzenflämmchen, stimmts?«

Carst nickte, doch die Frau hatte sich schon umgedreht. »Du und still. Du quasselst dem Teufel die Hörner ab. Also los jetzt, auf deinen Platz. Und zwar ein bißchen plötzlich!«

Die Kleine machte zwar eine maulige Schnute, stand aber auf. Sie zog einen Kopfhörer aus der Tasche, entwirrte das Kabel. »So geht das seit meiner Geburt! Vier Paar Schuhe hat die sich gekauft in Berlin, und ich hab nicht mal Socken gekriegt. Na ja, dann beuge ich mich eben ... War schön mit Ihnen, Johannes. Gute Reise noch. Oder, wie mein kleiner Bruder sagt: Have a nice life-time.«

Er hob eine Hand, und sie verstellte das Radio an ihrem Gürtel und ging summend davon. Doch kaum saß sie neben ihrer Mutter, blickte sie noch einmal durch die Lücke zwischen den Lehnen und zwinkerte ihm zu. Schmunzelnd schüttelte er den Kopf.

Und plötzlich änderte sich das Fahrgeräusch, und tief unter sich sah er eine Stadt, dunkle Straßenzüge, Ladekräne in einem Hafen, glühend erleuchtete Kirmesbuden. Das konnte nur Rendsburg sein, die hohe, alle Ozeanriesen überwölbende Stahlbrücke über dem Nord-Ostsee-Kanal, und während der Zug die Kehre zum Bahnhof hinabfuhr, streifte Carst die Schuhe ab und legte die Füße auf den gegenüberliegenden Sitz. Die Socken saßen korrekt.

Im Schrittempo ging es an den Wartenden vorbei, einer langen Reihe abgespannter Gesichter, die unter den alten, von Tauben verkoteten Trägern grau wirkten, wie mit Kalk bestaubt. Sie konnten vermutlich nichts und niemanden sehen hinter den getönten Fenstern, und entsprechend leer war der Ausdruck in den Augen; er drehte sich ein wenig im Sessel und beobachtete müde, wie ihre Mienen in scheinbar endloser Folge durch die Spiegelung seines Gesichtes glitten.

Keiner stieg zu, und als die Lok wieder anfuhr, schlief er ein. Im Traum sagte jemand Berlin, Urologischer Garten, und das Pflaster löste sich über dem Nabel und ließ einen blutigen Silberring sehen; dann quietschte etwas, es klang nach blockierenden Gummirädern, und irgendwann wurde Folie um Folie von seinen Augen gezogen, ohne daß er klarer sah. Als er erwachte, hatte er einen bitteren Geschmack im Mund, und er blickte auf die Uhr, eine alte Automatik.

Er schlackerte sie am Gelenk. Die Kleine saß auf der Armlehne des Nebensessels und schien ihn schon länger betrachtet zu haben. Sie trug eine gesteppte Jacke mit Pelzmanschetten und roch ein wenig wie ihre Mutter, ein Duft nach Freesien oder Orchideen. Lippen und Augen waren nun geschminkt; in den Wimpern hingen winzige Tuscheklümpchen. »Wir sind gleich da. Mama flirtet mit dem Kellner. Was machen Sie denn in diesem Ahneby, oder wie das heißt? Kennen Sie da jemanden?«

Er rieb sich das Gesicht. »Wo? Ach so, nein.« Dann raffte er die Akten zusammen. »Als Kind war ich mal dort gewesen, mit meinen Eltern. Eigentlich hatten sie nur kurz gestoppt, um Honig bei einem Imker zu kaufen, glaube ich. Ein winziger Ort zwischen Klee- und Weizenfeldern. Er lag an einem Bach, und jedes der sechs oder sieben Ziegelhäuser mit Reetdach hatte eine eigene Brücke.« Er schloß seinen Koffer. »Idylle pur, wie du sagen würdest. Rosen blühten an den Geländern, und als die Eltern weiterfuhren, sah ich noch lange durch das geteilte Heckfenster unseres VW und wollte unbedingt dort leben ... Aber später, längst erwachsen, hab ichs nicht mal mehr auf der Karte gefunden. Wahrscheinlich irgendwo eingemeindet.«

Das Mädchen gähnte. »Kommen Sie doch zu uns. Wir haben zwei Gästezimmer mit Bad und Playstation und allem. Und aus einem der Fenster sieht man das Schloß.« Die Augen plötzlich starr, neigte sie den Kopf und sagte nah an seinem Ohr: »Nachts, bei Vollmond, wenn Nebel auf dem Wasser schwebt, gehen die Mönche da spazieren ...«

Ihr Atem roch nach Nikotin, und er hob eine Braue. »Im Ernst?«

»Nein, ich mach Spaß.« Grinsend stand sie auf. »Es sind nur die Gerippe. – Adieu, Doktor Jott.«

»Viel Glück in Glücksburg«, sagte er, und sie deutete einen Kußmund an und ging davon.

Er schlüpfte in seine Schuhe und blickte aus dem Fenster. Die Häuser und Bäume längs der Strecke, die großen Koppeln mit den ruhenden Tieren waren nur zu ahnen; hier und da glänzte ein Wassergraben, und er betrachtete sein Spiegelbild, richtete die Krawatte. Dann sah er die Silhouette des Schaffners in der Scheibe und drehte sich um, griff nach seinem Portemonnaie. Doch der Mann, der einen winzigen Diamanten im Ohr trug, beachtete ihn gar nicht; er sammelte alte Zeitungen ein und legte eine Hand an die Mütze, als er an den Frauen vorüberkam.

Die hatten ihr Gepäck, einen kleinen Turm aus Koffern, Tüten, Taschen, bereits in den Gang gestellt, und die Mutter, immer noch telefonierend, zog ein Spitzentuch aus dem Ärmel und schneuzte sich. Die Tochter lehnte an der Landkarte und starrte zu Boden. Sie trug jetzt eine randlose Brille und sah müde aus, hohlwangig und blaß, und als sich die Glastür mit den eingeschmolzenen Drähten schloß, schien sie um Jahre gealtert zu sein: eine junge Frau, die ihre schönen Finger musterte, den roten Lack.

Dann kamen Geräusche aus dem Lautsprecher, Metall gegen Porzellan, Stimmen auch, leise nur, als wäre man im Dienstabteil versehentlich an den Knopf geraten, und langsam fuhr der Zug in eine Kurve. Die Bespannung in den Zwischenräumen der Waggons zog sich zusammen, dehnte sich, zog sich wieder zusammen, und endlich war man da.

Offenbarung. Das Zischen der Bremsen klang wie ein langes Ausatmen, und sie stieß sich ab von der Karte, trat neben ihre Mutter und starrte auf das dunkle Glas, auf dem man jetzt Fingerabdrücke sah, unzählige. Leicht erhitzt von dem Weg durch die Gänge mit den automatischen, sich stets zu langsam öffnenden Türen, spürte sie ihren Puls in den Handgelenken und wollte die Situation immer noch nicht wahrhaben; sie knöpfte ihre Jacke auf. Die Schwester ging hinaus.

Auf den ersten Blick hatte sich nichts verändert. Vielleicht waren die Blumen in der Vase, besonders die Tulpen, etwas größer geworden, doch er lag da wie sonst, ganz entspannt, als schliefe er nur. Der Pyjama war neu, das Haar gekämmt, und man hatte ihn wohl noch am Morgen rasiert. Aber die Monitore blieben dunkel, die Tropfenzähler tickten nicht mehr, der Herzton war verstummt. Zusammengesunken der Balg des Beatmungsgeräts, und ihre Mutter steckte das Taschentuch weg und murmelte: »Einfach so. Ohne noch einmal die Augen zu öffnen. Ich hab deinen Bruder schon angerufen.«

Citha beugte sich über den Vater. Fahl war er und seltsam schön, wie nachgezeichnet von dem Schmerz der letzten Tage, in denen kaum mehr ein Arzt gekommen war, und im Ohr klebte etwas getrocknetes Blut. Die Hand fühlte sich noch warm an oder jedenfalls nicht kalt, die leicht gebogenen Mundwinkel suggerierten ein Lächeln, seine Haut roch dezent nach Aftershave, und nachdem sie ihn auf die Stirn geküßt hatte, ging sie durch das kleine Zimmer und zog die Plastikstühle ans Bett. Auf einem lag das Rätselheft der Schwester.

Es gab keine Tränen mehr nach all den Wochen zwischen Hoffen und Furcht, nach den endlosen Stunden kalter Gewißheit, und die Frauen setzten sich und schwiegen. Im Klinikgarten, wo die Birken grün wurden, zwitscherten Vögel, bellte ein Hund. Ab und zu waren Schritte zu hören, die Clogs des Personals, das leise Klirren von Instrumenten, und manchmal auch das Rattern der Eisenbahnräder auf der Trasse jenseits des Parks, das sich ändernde Fahrgeräusch unter der Brücke. Doch sonst war es still auf der Station, die Freesien in dem Blumenstrauß verströmten einen süßen Duft; langsam wanderte das Licht.

Unter dem Bett glänzte etwas auf, ein Stück Cellophan, und die junge Frau bückte sich danach, zerknüllte es und ließ es in den Abfalleimer fallen, zu den Tupfern und Spritzen. »Ich bin übrigens in Mitte gewesen, in dieser Firma«, sagte sie heiser und räusperte sich. »Heute morgen, als ich Webster zum Impfen brachte. Keine Ahnung, warum. Ich mußte einfach hin.«

Die Mutter reagierte nicht. Sie schob die Hand unter die ihres Mannes, starrte ihn an und schien ihn doch nicht zu sehen. Der Ring saß locker, das Gold war kühl.

»Nette Leute«, fuhr sie fort. »Ein Handwerksmeister und seine Sekretärin. Sie zeigten mir alles. Ich glaube, es ging ihnen selbst sehr nah. Wir haben kaum gesprochen. Ein ganz gewöhnlicher Laster, so ein Kleintransporter, ziemlich neu. Keine Schramme, keine Beule, nichts.«

Sie schluckte, verschränkte die Arme vor der Brust. Ihre Lidränder waren entzündet. »Ofenabriß stand darauf, rot auf weiß. Ich war irgendwie benommen, konnte überhaupt nichts anfangen mit dem Wort. Als wärs 'ne andere Sprache. *Ofenabriß*, in großer Schrift. Und weißt du, was ich zuerst gelesen hab?«

Die Mutter stieß etwas Luft durch die Nase, blickte aber nicht auf. »Ach, du immer ...«, sagte sie leise, fast flüsternd, und lächelte sanft. Sie war seit Tagen ungeschminkt, die Haare sahen stumpf aus, der Nagellack blätterte ab, doch trug sie das nachtblaue Kostüm, das er so liebte, und während sie seine Finger hielt, strich sie mit dem Daumen über den Handrücken ihres Mannes. »Du immer ...«

Der ganze Weg

Ich hatte die Lamas. Das war Arbeit genug, kannst du mir glauben. Die Biester sind störrisch und flink, und es dauert ewig, bis du sie im Geschirr hast. Sarah mit der Rechennummer, die ging. Die wußte ja, daß es Zukker gab, und freute sich auf das Halfter mit den Glöckchen. Meine süße Sarah. Einen Wimpernschlag hatte die – zum Heulen. Du konntest Peru sehen in ihrem Blick, das fließende Gras, obwohl sie da nie war. Wurde hier geboren, im Wuppertaler Zoo. Sarah fraß mir aus der Hand mit ihren langen Zähnen, ganz vorsichtig, und hat mich nie gebissen. Sie war ein Guanaco, ein Ur-Lama sozusagen, von ihrer Sorte stammen alle ab.

Aber Molly, die hatte die Faxen dicke und spuckte bei jeder Gelegenheit. Ein gewöhnliches Lama und eigentlich ganz schön, aber weil sie gescheckt war, mußte sie bei den Clowns mitmachen, und das ruinierte ihre Gelenke. Schon vor Dormagen hatte sie immer geschrien bei der Nummer, was natürlich nicht geht, jedenfalls nicht, wenn es lustig sein soll. Der Knebel wurde enger geschnallt, und sie mußte ihren Schmerz runterschlucken. Aber ich hab sie trotzdem gehört, Alter. In meinen Eingeweiden hab ich sie gehört.

Und dann gab es noch Tim. Der war nicht nur ein

Männchen, sondern auch noch blöd. Konnte nur fressen und furzen und im Kreis rumlaufen. Aber stolz wie Oskar, weil er doch ein Alpaca war, schwarzbraun. Das sind die Adeligen unter den Lamas, und falls er nicht gerade ein verkacktes Fell hatte, fühlte er sich schon gut an. Im Winter, beim Sammeln in den Einkaufsstraßen, wollte ihn jeder streicheln. Doch in der Manege war er doof wie Stroh.

Wie oft hab ich den Dicken gefragt, warum er die Molly schindet für seine Nummer, warum nicht den Tim, der doch viel mehr tragen konnte. Die Weibchen sind nämlich schwach, nur die Männchen kannst du belasten, bis sechzig Kilo. »Weißt du denn nicht, daß Lamas mal heilige Tiere waren?« fragte ich. »Die Indios haben sie angebetet und immer gut behandelt. Kein lautes Wort, kein Zaun, nur im Sommer geschoren. Die Zukunft konnten sie in den Umrissen lesen, Geheimnisse und so ...«

Doch der Dicke kratzte sich die Scheiße vom Stiefel und spuckte ins Heu. Dem brauchtest du mit so zartem Zeug nicht kommen. »Das einzige heilige Tier, das ich kenne, ist Mutters Rollbraten. Und jetzt an die Arbeit, in einer Stunde ist Vorstellung.« So war der. Ein aufgeblasener Idiot. Nur weil er mal beim Krone einspringen durfte mit seinen Viechern, hielt er sich für den Obermac. Dabei haben sie ihn gefeuert. Suff.

Doch mit der Chefin konnte er gut. Zeltmeister war er, erster Clown und natürlich Dompteur. Fünf Löwinnen hatte er und seinen Samba, den Königstiger. Der war schon so alt, daß ihm die Klöten im Sägemehl schleiften, und die Krallen sahen aus wie alte Brillen-

bügel. Aber er sprang immer noch durch den Flammen-
ring, legte mit seinem Herrchen einen Walzer hin und
ließ sich den Kopf in den Rachen stecken. Das Übliche
halt.

Außer den Lamas machte ich das Eselreiten für die
Kleinen. Es gab ein Zelt dafür, eine Plane mit vier Ma-
sten, und ich hängte mir so einen Münzapparat um,
wie die Schaffner früher, drehte den Recorder auf, und
dann gings rund. Dabei hatte ich Zeit, mir die jungen Mütter anzusehen, die über dem Geländer lehnten
in ihren luftigen Blusen. Ich knallte mit der Peitsche,
machte meine Stimme tief und erzählte von Nizza im
vorigen Jahr, von London und Paris, obwohl wir nur
'ne Lizenz für den Niederrhein hatten. Dabei ließ ich
die Lola tanzen, das Mondweib hier auf meinem Arm,
und eine wollte dann immer wissen, wie ein Zirkus-
wagen von innen aussieht.

Ich wohnte mit Jokkl zusammen, wenn man das so nennen kann; er hatte seinen Käfig im hinteren Teil, und
Kapuzineräffchen sind zwar süß, stinken aber wie fau-
lende Kresse, besonders im Frühling. Und es *war* Frühling, Alter, heißer Mai: Die in Dormagen setzte ihr
Kind vor die Glotze, und schon fings an, das alte Spiel,
bei dem sie in mein Kissen biß. Schnell sollte es gehen,
Spargel wollte sie noch kaufen für ihren Mann, und
draußen rief der Dicke nach mir und donnerte gegen
die Wand. Ich hatte ja keine Pause.

Daß er mich dann bei der Chefin verpfiff, hätte ich aber
nicht gedacht. Schließlich war ich pünktlich im Sat-
telraum. Schwitzend zwar und ohne Boxershorts, doch
wer konnte das sehen durch die Jeans. Und die Lamas

standen auch parat. Gut, Mollys Hütchen hatte ich vergessen, aber mein Gott, die Bude war sowieso fast leer. Sogar der Seiltänzer winkte ab und ging ins Kino; für die paar Leute wollte er seinen Hals nicht riskieren, und als der Dicke ihm mit Vertragsstrafe drohte, lachte er nur und drückte seine Kippe in der Schubkarre aus, auf dem Fleisch für die Katzen.

Der konnte sich das erlauben; er ging demnächst nach Berlin, in irgendein Varieté. Aber ich wußte nie, wohin im Winter, und wenn die Chefin mich nicht mitnahm ins Quartier, war Sense. Sie stammte aus Österreich, eine *von* Dingsbums sogar, wollte aber nur Nelly genannt werden, wie ihr Zirkus, und sie hatte mich eh schon auf dem Kieker, weil ich mit den Gäulen nicht zurechtkam. Jedenfalls nicht so gut wie der Dicke.

Die Hengste waren ihr ein und alles, die mußten jeden Tag gestriegelt werden. Dabei fielen dir fast die Arme ab. Und wehe, sie fand eine Fluse auf dem Palomino. Wenn der nicht glänzte wie eine vierzehnkarätige Goldmünze, wie sie immer sagte, kriegtest du ihre Stimme zu spüren, diesen Lederklang. Dann gab es noch den Andalusier, grau, und einen schwarzen Friesen, und alle drei waren sie launisch und gemein; du mußtest immer aufpassen, schon wegen ihrer Größe. Sie drückten dich wer weiß wohin und ließen sich auch nicht mit Zucker bestechen. Die bissen dir in die Hand! Besonders der Schwarze, so schön er aussah mit der langen Mähne im Gesicht, der Friese war ein Satan. Ich kann dir die Narben zeigen.

Und das Füttern war auch so eine Wissenschaft für sich; wie ein Apotheker mußtest du alles ganz genau abmessen, damit sie keine Hufrehe kriegten – und dann humpelten sie plötzlich doch. Dieser Stalldienst wurde mein Alptraum, Mann, und das verschlimmerte sich noch, als die Sache mit dem Samba anfing, mit seinem Gebrüll. Da kam man überhaupt nicht mehr an die Pferde ran. Da rappelte es im Karton.

Eigentlich war er ganz lieb, der alte Tiger. Er hatte sein Leben im Käfig verbracht und hielt die Stäbe für seine Streifen, oder umgekehrt. Die haben mal Modeaufnahmen mit ihm gemacht, Damenwäsche, und eins von diesen Mannequins, völlig fremd und richtig lekker, hat ihn sogar geritten. Aber in Dormagen taten ihm die Zähne weh, und das wurde in der Nacht so schlimm – er fauchte den ganzen Laden zusammen und machte nicht nur unsere Gäule wild, sondern auch die Tiere in der Siedlung, vor der wir standen. Überall jaulten Hunde, krähten Hähne, und zweimal kam die Polizei.

Nur meine Lamas, die hatten die Ruhe weg. Die waren ganz Peru, auch wenn sie mich so komisch ansahen an dem Abend. Ich roch wohl nicht gerade wie Süßgras, denn mein alter Freund Kurt, unser Maschinist, hatte 'ne Flasche Rum mitgebracht. Sonntags war die letzte Vorstellung schon um acht gelaufen, und dann spielten wir meistens Karten, Mau-Mau oder Flut. Er war mal Clown-Assistent beim Williams gewesen, Leiter halten, Schaum anrühren und so, und im Gegensatz zu den Clowns hatte er wirklich Humor. Die sind ja eher fade, haben Leichenbittermienen unter der Schminke und denken an ihre Bausparverträge. Aber wenn Kurt den Dicken nachmachte, konntest du dich wegschmeißen. Wir spielten also Karten, tranken Cola mit Dings und kochten Spiegeleier, und als ich mein Messer nicht fand, zerschnitt er das Weißbrot mit der Schere. So war der.

Ich gewann den ganzen Abend, und dann mußte ich mal raus, mein Wasser in die Ecke stellen, und sah die Chefin und paar Leute vor dem hellen Käfig. Es waren Spezialisten aus dem Duisburger Zoo, und die hatten eine Knarre mit Zielfernrohr und schossen eine Spritze in das Gebrüll, vielleicht auch zwei. Ganz stumpfe Augen kriegte das Tier, die Pfoten knickten ihm weg, und dann ging alles ziemlich schnell: Maul auf, Zange raus, Zahn in die Pfütze, vierhundert bar.

Die Scheinwerfer rauchten im Regen, die Chefin sah ganz schmal aus unter ihrem Schirm, und der Dicke, der noch die rote Dompteursuniform mit dem Lametta trug, streichelte Sambas Tatze. Aber ich weiß nicht, ob er wirklich traurig war. Mitleid kannte der kaum. Eher bedauerte er sich selbst – sich und seine Nummer, die jetzt was Komisches kriegte, oder? Einen Tiger mit nur einem Reißzahn, wer nimmt den schon ernst. Der Kurt jedenfalls stellte sich neben mich, schaute den lang auf der Seite liegenden Samba an, das klaffende Maul, und sagte leise: »Mein Gott, der sieht ja aus wie 'n Dosenöffner.«

Da hab ich wohl gegrinst, man ist ja manchmal noch 'n Kind. Vielleicht sogar bißchen besoffen gelacht, kann sein. Leider gerade in dem Moment, in dem der Dicke sich umdreht. Das war nun schade, denn der glaubt natürlich, ich mach mich lustig. So einen Haß hab ich noch nicht gesehen; dem traten fast die Augen raus,

und ich mußte an den verdammten Friesen denken und
schüttelte den Kopf. Wieso sollte ich mich lustig machen. Hab selbst schlechte Zähne.

Natürlich war er überhaupt kein Gegner, doch er hatte
den Überraschungsmoment für sich und verpaßte mir
ein Ding, das werktags gar nicht angekommen wäre.
Aber meine Reflexe lagen noch im Rum, was er wohl
für Schwäche hielt, und schon wälzten wir uns im
Schlamm. Das schöne neue Hemd. Die Knöpfe sprangen aus den Löchern.

Ich meine, ich bin ein gutmütiger Mensch, mit mir
kriegt keiner Ärger, wenn er nicht will. Doch er wollte
wohl, und als er merkt, daß er einen Fehler gemacht
hat, beißt er mir in den Arm und bohrt mir einen Daumen ins Auge, die gemeine Tour. Hab jetzt noch Seh-
störungen da. Also drücke ich ihn mit seiner ganzen
Dekoration in den Mist, der vor dem Pferdezelt liegt,
und will ihn richtig schön pökeln – als ich plötzlich
einen Sauschmerz auf dem Rücken fühle, wie Feuer.
Ich dachte schon, die hätten mir auch so'n Betäubungs-
schuß verpaßt. Doch als ich den Kopf drehe, steht da
die Chefin und schreit, ich kann nichts verstehen vor
lauter Regen. Eine Faust an der Hüfte, holt sie aus
und zieht noch einmal durch – mit der kurzen nur,
mit der für die Löwen, aber mir platzt die Braue. Das
war ein netter Feierabend, sag ich dir.

Und dann bin ich geduscht und sitze unterm Handtuch auf ihrem Stuhl. Ätzend das Zeug, mit dem sie
mich betupft, schon der Geruch treibt dir die Tränen
raus, und ich sag: »Chefin, ich hab das nicht gewollt.
Ich wollte mich nicht lustig machen. Ich komm mit

allen gut klar, fragen Sie den Kurt. Nur mit dem Dicken nicht. Ich mach die Lamas, und ich mach es gut, oder? Aber der Dicke tritt den kleinen weißen Esel, obwohl er krank ist. Der hält dem Jokkl ein Feuerzeug unter den Schwanz und reitet mir meine Gescheckte lahm. Der ist nicht für Tiere, Chefin, der ist böse. Darum kann er auch so gut ...«

... mit den Pferden, wollte ich sagen, biß mir aber auf die Lippe. Fast hätte ich vergessen, wo der Zucker liegt. Sie hatte Augen wie Kohle, da sprühte es, wenn sie fuchtig wurde, und ich trank den Bols, den sie mir hingestellt hatte, gleich aus der Flasche; wozu ein Glas schmutzig machen. »Wer soll denn das verstehen«, sagte ich. »Wer so mit Tieren umgeht, kann kein guter Mensch sein, oder? Aber Sie kochen ihm Braten mit Spargel und Kroketten, und mich schicken Sie nach Edeka, Wein und Watte holen. Wer soll denn das verstehen?«

Und die Chefin in ihrem Frotteemantel – sie war ja auch patschnaß geworden, die Reithose hing an der Heizung –, Frau Nelly grinste so komisch, mit einem Mundwinkel nur, betupfte meine Schultern, die Striemen da, und sagte durch die Zähne: »Du hattest also wieder eine Hure im Wagen ...« Keine Ahnung, wie sie jetzt darauf kam. Was hat das mit den Tieren zu tun. Und dann setzte sie sich auf den Stuhl, auf dem doch ich schon saß, und ich nickte zwar wie einer von den Teufelsgäulen unter ihrer Fuchtel; aber verstanden hab ich es nicht.

Die Nacht war ziemlich kurz, und am nächsten Tag rutschte mir ein Kind vom Sattel. Nichts passiert, Gott sei Dank, keine Träne, und die Mutter saß auf dem Klo; doch ich war einfach zu müde in letzter Zeit. Du mußtest alle möglichen Arbeiten machen und noch zusätzlich Karten abreißen oder Popcorn verkaufen, weil immer mehr Leute gehen oder gegangen werden. Das fand ich schon als Knirps wie ... Ich weiß nicht. Das war wie 'ne leere Wundertüte, wenn man in den Zirkus ging, und die Tänzerin, die so strahlend gelächelt hatte unter ihrem Glitzerschirm, verkaufte in der Pause Sprudel. Und obwohl sie kaum älter war als die Kinder, die sie bestaunten, hatte sie schon einen bitteren Mund und schummelte einem Knöpfe ins Geld.

Samba ist übrigens nicht mehr wach geworden aus der Narkose; mittags kam ein Kombi von einer Futterfabrik, seine Tatzen schleiften über das Blech, und ich kann dir sagen ... Was die in Dormagen aus Tigern machen, spricht auch nicht gerade für die Gegend. In Sichtweite von unserem Platz stand eine Chemiefabrik, riesig, und bei Südwind welkten dir die Ohren.

Dann war Vorstellung, und alles lief normal. Obwohl ... So eine graue Stimmung lag schon in der Luft. Sogar die Chefin schien zu träumen. Jedenfalls brach ihr der Andalusier aus und haute mit den Hinterhufen gegen einen Mast; das Krachen hättest du hören sollen. Dann preschte er in den Aufsitzraum, und ich erwisch ihn grad noch am Zaumzeug und bring ihn vor den Löwen zum Stehen. Die warteten schon im Gittergang und machten sich ganz flach. Doch das Fauchen klang eher wie lautes Miau.

»Na bitte!« sagte die Chefin und übernahm den Hengst, der alles vollsabberte, auch meine Hand. Sie klopfte ihm die nassen Flanken ab und strich mir so komisch über den Rücken. Ich spürte ihre Nägel. »Es gibt also noch richtige Kerle.«

Hat sie echt gesagt, ich mach mich hier nicht besser. Aber damit pinkelte sie natürlich dem Dicken in die Flinte, denn der hatte keinen Finger gerührt, um ihren Gaul zu fangen. Er stand vor dem Spiegel in seinen Meterschuhen, malte sich ein Lachen ins Gesicht und funkelte mich an mit seinen giftigen Augen. Alles Dormagen.

Dann schob er eine Kassette ein, setzte die Pappnase auf und ging in die Manege. Er war kein gelernter Clown, sagte ich ja schon; aber er bildete sich wer weiß was ein auf seine Nummer mit dem Affen, der die Spielkarten fraß, bemaltes Knäckebrot. Und später ritt er die Molly durch den Schaum, und die Leute lachten sogar, wenn sie zusammenbrach unter seinem fetten Arsch. Das mußte sie tun, sobald die Musik aussetzte, und er stieg ab, hob den Sterz, kratzte sich den Kopf und sagte: »Der Vergaser ist es nicht ...« Ha, ha. Und dann schob er sie an, und das war richtig schlimm. Denn wie ein Tiger niemals rückwärts geht, nicht ums Verrecken, rutschen Lamas nicht auf den Knien. Das können die gar nicht. Die haben Gelenke aus Licht, wenn du verstehst, was ich meine, und an dem Abend sprang die Molly früher auf, als der Marsch einsetzte, so ein Tschingderassa, und der Dicke lag auf dem Bauch. Aber das fanden die Leute auch komisch, und während er den Beifall kassierte, brachte ich das humpelnde Tier ins Heu.

Ich gab ihm Zucker und dachte daran, daß Lamas früher besondere Tiere waren und man alles mögliche lesen konnte in ihrem Blick. Doch in Mollys Augen sahst du nichts mehr, Alter, nur Schwarzes und Schmerz. Die Sonne schien durch ihre zarten Ohren, die Haarbüschel an den Spitzen zitterten, und ich fragte mich, was ist denn das nun alles wert. Ein paar Lacher für so eine Qual. Ich hatte plötzlich keine Lust mehr.

Die Chefin trug schon wieder ihren Frotteemantel. Sie stand vor dem langen Wagen, machte mir ein Zeichen, und ich sah ein bißchen schwarze Spitze, den Rand der Nacht sozusagen; keine Ahnung, wann ich mal schlafen sollte. Dann kam der Dicke vorbei und schmiß mir die Ratsche vor die Füße. Damit wurden die Seile gespannt, auch für den Raubtierkäfig, und das war eigentlich nicht mein Job. Doch er spuckte ins Sägemehl und sagte so im Weitergehen: »Was stehst du da rum? Hoffentlich bewegst du dich bald!«

Er hatte Sambas hohlen Zahn am Hals, an einem Kettchen, und plötzlich kriegte ich ein irres Rumoren im Darm, weißt du. Als läge da irgendwas quer. Meine Hände wurden feucht, und ich starrte das Ding an, mit dem man auch Nägel einschlagen kann und Nüsse knacken, Kokosnüsse – und dann bewegte ich mich eben. Dabei mußte ich an meinen alten Kumpel denken, den Kurt, der damals auch schon die Papiere in der Tasche hatte. Der sagte immer, daß einem die Freiheit niemand geben kann. Dann wärs schon keine mehr. Freiheit muß man sich nehmen.

Die Glatze von dem Dicken glänzte im Scheinwerferlicht, sein speckiger Nacken, und ich hab ihm insgeheim alles Gute gewünscht, Gottes Segen und so, und die Ratsche mit einem Tritt in die Ecke befördert. Und dann streichelte ich den Jokkl und die Esel, stopfte mir den Rucksack voll Möhren und Brot und ging quer über die struppigen Wiesen davon, Richtung Wald. – Ich hatte wahrscheinlich unrecht, klar, aber das war nicht mal übel. Eher im Gegenteil. Das war so, als hättest du immer fremde Schuhe getragen, und plötzlich trägst du die eigenen.

Und glaub nicht, daß ich mich umgedreht hab, Alter. Oder doch nur ganz kurz. Da waren vom Zelt grad noch die Wimpel zu sehen hinter dem hohen Gras; die Leuchtschrift mit den fehlenden Birnen flackerte, die Musik wurde leiser und leiser – und die Lamas immer schön hinter mir her. Ich meine, ich hab sie nicht gerufen, aber die sind ja treu, besonders wenn sie Gemüse riechen. Die fanden das richtig gut, sprangen rum und jagten sich, knabberten an dem Grünzeug, das sie nicht kannten, und blieben doch in meiner Nähe; nur Tim, der doofe Pullover, der wäre fast mal auf die Autobahn gerannt. Da mußte ich kurz brüllen.

Das war schon hinter Dormagen, das Land wurde unglaublich weit, und ich dachte an Peru und daß es eigentlich keine Grenzen gibt, oder? Das sind nur Striche im Kopf oder auf dem Papier, das hat nichts mit dem Leben zu tun, und mit meinen Lamas schon gar nichts. Die haben sich ab und zu was zum Futtern geholt, und obwohl es dunkel wurde, zogen wir immer noch über die Felder. Manchmal nahmen wir auch Radwege und so, und dann klickten die Hufe wie Glas. Nachher kamen die Sterne raus, mit Lichtern von Flugzeugen dazwischen, ganz entfernt glänzte der Rhein, und ich setzte mich unter einen Baum und trank die Dose Bier, die ich mitgenommen hatte. Ich wußte nicht, wie's weitergehen sollte, klar, aber das war auch egal. Die Tiere standen still in meiner Nähe, stolze Umrisse vor der blauen Nacht, und ich konnte alles in ihren Augen sehen, Alter, den ganzen Weg.

Ralf Rothmann im Suhrkamp Verlag

Messers Schneide
Erzählung. 1986
suhrkamp taschenbuch 1633

Kratzer und andere Gedichte
1987
suhrkamp taschenbuch 1824

Der Windfisch
Erzählung. 1988

Stier
Roman. 1991
Bibliothek Suhrkamp 1364

Wäldernacht
Roman. 1994
suhrkamp taschenbuch 2582

Berlin Blues
Ein Schauspiel. 1997

Flieh, mein Freund!
Roman. 1998
suhrkamp taschenbuch 3112

Milch und Kohle
Roman. 2000
suhrkamp taschenbuch 3309

Gebet in Ruinen
Gedichte. 2000

Ein Winter unter Hirschen
Erzählungen. 2001
suhrkamp taschenbuch 3524

Hitze
Roman. 2003
suhrkamp taschenbuch 3675

Junges Licht
Roman. 2004
suhrkamp taschenbuch 3754